公侮刑^與然辱事

民事判決實證之研究

逞一時口舌之快，
小心惹刑事犯罪前科
與民事賠償的問題上身！

袁興/著

推　薦　序

調查局調查官李孟達強力推薦

在這「一不小心就被告」的時代，到底怎樣的口頭文字評論會觸法？又怎樣能避免挨告？眾多的眉角都在這本書中加以詮釋！本人認識袁大秘書多年，其對於妨害名譽及損害賠償案件具有 10 年以上實務經驗，更提供調解過程的相關案例，讓大眾得以學會做好「事前預防」，就能避免事後處理的勞心、費時又傷荷包的情形。

　　袁大祕書多年從事調解的經驗豐富，不藏私地教人解決日常生活的法律糾紛，內容淺顯易懂，更適合一般大眾閱讀，而從事律師、司法人員或調解業務相關人員更應入手一本，用生動活潑的案例，讓大眾理解艱澀的法條，你還再找相關書籍嗎？ 沒錯！就是這本了！

　　社會公平正義 從舉發不公不義開始。

　　舉發經濟犯罪、工程不法、公務員貪污、毒品犯罪、賄選餽贈、電腦犯罪、國家安全等犯罪。

電子信箱：aa303413@gmail.com
24 小時案件諮詢專線：0973323935

致謝詞

　　能夠完成此篇著作，最要感謝的是筆者的指導老師 --- 鄭善印教授，感謝老師給予筆者許多建議並容忍筆者利用工作閒餘時間寫作論文。由於筆者在公務機關從事法制、調解、國賠、採購訴訟、土地行政等工作，因公務繁忙幾乎沒時間與老師討論寫作題目與方向老師也能夠體諒。老師雖沒有催促筆者寫作進度，但仍不吝給予眾多寫作意見，使筆者受益良多。

　　此外也要感好友謝雷雅婷協助蒐集寫作資料，還有筆者的調解幹事徐曉甄在我工作繁忙之餘分擔工作上瑣碎之事，劉冠毅同學、劉諭欣同學協助筆者校繕等事務。

感謝父母的一段話

　　時光荏苒，父母無聲的愛依舊伴著我們旅程，您們慈愛的雙眼滿載了數不清的關懷與牽掛，愛一生之父母，愛父母之一生。感謝您們，讓我體驗了這個五彩斑斕的世界，千言萬語可能都不足以表達我對您們的感恩之情，但我還是想告訴您們，我愛您們。

公然侮辱刑事與民事判決實證之研究

摘　要

公然侮辱所處罰之行為態樣是未指明具體事實，亦即為抽象的語言，其內容足以貶損他人社會評價之行為，且刑法 309 條規定須公然為之。然刑法與民法上，就個人名譽之法益保護有所不同，刑法採以國家公權力介入，不論被害人名譽有無受實際損害，只要有侮辱之行為即成立本罪；民法保護方式則為，被害人所受損害由民法填補被害人之損害或回復原狀並得請求防止之。刑法第 309 條與民法第 18 條、第 184 條、第 195 條適用之關係相形之下各有保護目的與範圍。本文研究目的為：一、為了解刑法與民法對公然侮辱行為之學說及實務見解。二、為了解並統計分析刑事與民事有關公然侮辱之判決。三、檢討將刑法公然侮辱除罪的可能性。

關鍵詞：公然、侮辱、名譽。

Study on the Public Insult of Criminal and Civil Judgment

Summary

The act of publicly insulting punishment is that the specific facts are not abstract, and their contents are sufficient to devalue the social evaluation of others, and the provisions of Article 309 of the Criminal Law must be publicly stated. However, in criminal law and civil law, the legal protection of personal reputation is different. Criminal law is subject to interference by state public power. Whether the victim's reputation is really hurt, as long as there is insult, it will determine the crime; the civil law protection method is the victim. The damage suffered is filled by civil law to fill the victim's damage or return to its original state and may be required to be prevented. Compared with Articles 18, 184 and 195 of the applicable Civil Code, Article 309 of the Criminal Law has different purposes and scope. The purpose of this paper is to first understand the theoretical and practical opinions of the criminal law and civil law on public insults. Second, in order to understand and statistically analyze criminal and civil related public insults. 3. Review the possibility of public insulting criminal law to exempt criminals.

Keywords: *blatant, insulting, reputation.*

目　錄

表目錄

第一章　緒論

　　筆者自 100 年起從事法制與調解工作至今已 8 年，在這段期間發現生活與法律間息息相關，尤其是罵人很容易就犯罪受到刑法 309 條的懲罰與民法 195 條毀損名譽的索賠，但依筆者單純的看法，「罵人」是個人道德修養的問題，怎會要受到刑法上的懲罰呢？難道就沒有別的方法可以處理罵人的問題嗎？一定非使用刑罰才能夠解決罵人的問題嗎？本研究為了解刑法與民法對公然侮辱行為之學說及實務見解並統計分析刑事與民事有關公然侮辱之判決，檢討將刑法公然侮辱除罪的可能性。

第一節　研究動機與目的

一、研究動機

　　筆者在 107 年 7 月間處理一件由桃園地方檢察署轉介妨害名譽調解案，被告與告訴人間均互不相識，於 107 年 2 月間在桃園市龜山區因行車糾紛發生爭執，被告竟一時氣憤對告訴人侮罵「Ｘ你娘ＸＸ」、「你娘老ＸＸ」等語，並對告訴人「比中指」，告訴人便告上法院。桃園地方檢察署檢察官將本案轉介至本區公所調解委員會協調，雖然被告與告訴人間經協調結果以新台幣 1 萬 5000 元達成和解，告訴人並簽立撤回告訴狀同意撤回對被告之刑事告訴，但依筆者簡單的看法，怎麼會兩個互不相識的人因車禍糾紛因一時氣憤下，一句罵人之語，怎麼就會構成侮辱罪呢？在筆者認為以目前提倡社會教育道德觀念下，反而是罵人之人，因為罵人而在大庭廣眾面前侮辱到自己，而告訴人心中真的有被侮辱的感受嗎？還是基於一時氣憤而提起告訴呢？因此產生研究動機，但按刑法上之公然侮辱罪，只須侮辱行為足使不特定人或多數人得以共見共聞，即可成立本罪，且僅任意謾罵並未指摘具體事實，仍屬公然侮辱，司法院院字第 2179 號解釋著有明文，這些都是司法實務及學說可以找到的解釋。

二、研究目的

我國有關公然侮辱保護被害人權利義務之規範除了在刑法第 309 條規定外，民法第 195 條第 1 項後段亦有相關規定，請求名譽上之非財產上損害並得請求回復名譽之適當處分。有關法人之公然侮辱，依民法第 26 條規定法人有權利能力，最高法院 62 年台上字第 2806 號民事判例裁判要旨「公司係依法組織之法人，其名譽遭受損害，無精神上痛苦之可言，登報道歉已足回復其名譽，自無依民法第 195 條第 1 項規定請求精神慰藉金之餘地。」[1] 雖然現行民法第 195 條第 1 項有關「名譽權」受到侵害，規定得請求非財產上精神損害賠償，但實務上判決有許多仍會以刑法第 309 條第 1 項作為判決行為人之事由。為此而研究本文，其研究目的為：一、為了解刑法與民法對公然侮辱行為之學説及實務見解。二、為了解並統計分析刑事與民事有關公然侮辱之判決。三、檢討將刑法公然侮辱除罪的可能性。

第二節　研究範圍與研究方法

一、研究範圍

本論文之題目為「公然侮辱刑事與民事判決實證之研究」，主要是以公然侮辱之刑、民事構成要件及學説與實務判決作為研究重點。最後公然侮辱是否得以刑罰處分，此部分因學説上仍有爭執，本文將加以深入研究分析並提出論述。至於刑法第 309 條以外之刑法第 140 條侮辱公務員及公署罪、第 310 條「毀謗罪」則不在本文之研究範圍內，以免分散論述之重心。

二、研究方法

第二章以「法釋義學」作為研究公然侮辱刑事民事的條文、學説與實務見解的方法。第三、四章以「法實證學」研究探討公然侮辱之刑事與民事實務判決的方法，

---

1 參照最高法院，62 年台上字第 2806 號民事判例裁判要旨。

第五章以「法政策學」探討以民法名譽侵權損害賠償責任取代刑法第 309 條刑事責任之可行性與公然侮辱罪除罪化可能性。

第三節　研究架構與章節安排

　　因本文研究重心主要是針對公然侮辱刑事與民事責任之研究，第二章即以公然侮辱刑事民事的條文、學說與實務見解作為研究對象，探討刑法第 309 條公然侮辱刑事與民事之立法理由、學說，刑法第 311 條各種阻卻違法事由對於行為人之影響。主要目的在藉由刑法與民法有關在公然侮辱保護法益不同，而探討公然侮辱是否亦應適用民法之規範，在分析完刑事與民事公然侮辱之不同後，才能論述二者在面對「公然」及「侮辱」之解釋應如何處置。第三章則探討分析公然侮辱罪之實務判決研究，首先分析公然侮辱之規範，接著探討認定有無傷害事實存在及損害賠償之範圍，此部分將會影響行為人日後司法救濟之主張。第四章是公然侮辱侵權行為賠償之實務判決研究，第五章為本論文之核心，將探討公然侮辱罪除罪化之可能性，目前實務與學說上有爭議之部分，例如刑法第 309 條與民法第 195 條第 1 項有關侵害名譽權之賠償範圍，本文將於第五章深入分析，第六章則將整合上述章節之研究做綜合評論並提出意見。

第四節　重要名詞解釋

一、所謂「公然」，祇須侮辱行為足使不特定人或多數人得以共見共聞，即成立[2]。刑法分則中「公然」二字之意義，祇以不特定人或多數人得以共見共聞之狀況為已足，院字第 1922 號關於該部分之解釋，應予變更[3]。

二、所謂「侮辱」乃對他人為輕蔑表示之行為，易言之，乃對他人為有害於感情名譽之輕蔑表示，足使他人在精神上、心理上有感受到難堪或不快之虞者，亦即

2　參照司法院，院字第 2033 號解釋。

3　參照司法院，院字第 2032 號解釋。

　　侮辱行為本身須具有侵害他人感情名譽之一般危險，始足當之 。

三、所謂「多數人」，係包括特定之多數人在內，至其人數應視立法意旨及實際情形已否達於公然之程度而定。所謂多數人係包括特定之多數人在內，此觀於該號解釋及當時聲請解釋之原呈甚明。至特定多數人之計算，以各罪成立之要件不同，罪質亦異 [4]。

四、公然侮辱的對象，依法必須是「特定人」或「可得特定之人」[5]。所謂「特定人」指二人以上，而所謂不特定之人乃指隨時可能增加之情形 [6]。

五、名譽或榮譽（英語：Honour）指的是一個人在社會上所獲得的評價，直接關係到一個人的社會地位、信譽、信用，在傳統社會上，名譽可以用來評斷一個人的性格特質是否能夠反映誠實、尊重、正直、公正的價值觀 [7]。

表 1-1　重要名詞彙整表

名詞	解釋	備考
公然	足使不特定人或多數人得以共見共聞	參照司法院院字第 2033 號解釋 參照司法院院字第 2032 號解釋
侮辱	以言語或舉動相侵謾罵而言	刑法第 309 條侮辱罪的立法理由
公然侮辱罪	1. 侮辱行為足使不特定人或多數人得以共見共聞，即行成立。 2. 不以侮辱時被害人在場聞見為要件。 3. 倘行為人僅漫罵，並未指有具體事實，仍屬公然侮辱。	參照司法院院字第 2178 號解釋
多數人	包含特定之多數人在內	參照釋字第 145 號解釋
公然侮辱的對象	1. 特定人 2. 可得特定之人	司法院院解字第 3806 號解釋參照
特定人	指特定之一人或數人	參照釋字第 145 號大法官陳世榮不同意見書
不特定之人指隨時可能增加之情形		參照釋字第 145 號大法官陳世榮不同意見書

資料來源：本研究整理。

4　參照釋字第 145 號解釋。

5　參照司法院，37 年院解字第 3806 號解釋。

6　參照釋字第 145 號大法官陳世榮不同意見書。

7　參照名譽 - 維基百科，自由百科全書。https://zh.wikipedia.org/zh-tw/（最後瀏覽日期：108 年 5 月 4 日）。

第二章　公然侮辱之釋義

　　本章將探討有關公然侮辱刑事與民事條文對於名譽的保障，進一步探討，公然侮辱有關名譽之學說與實務見解，次將探討公然侮辱刑事與民事有關名譽所保障範圍與可救濟方式及法院處置。以了解刑法與民法上，就個人名譽之法益保護的目的與範圍。

第一節　公然侮辱刑事民事條文及其立法目的

　　因刑法公然侮辱與民法侵害名譽在法律性質上有異，亦因此而影響行為人若遭判決後之司法救濟方式，以下將分別詳述之。

一、公然侮辱刑事條文之立法目的

　　我國刑法第 309 條第 1 項之公然侮辱罪，本條自民國 24 年成立後均未修正，其乃以個人名譽為保護法益。名譽是指個人人格在社會生活中所受到的社會評價，隨著社會文明與人類文化的高度發展，人格的保護已經成為自外於人類生命或身體保護的重要生活利益。侮辱行為所表達的內容，無關其真實與否，凡能達到使他人社會、倫理道德之價值受侵害、貶損之情形均可，故其可能為對違法或不合公序良俗的行為的預估、評價。如談話言詞中，純為用詞不當，說了不合宜的笑話或因各地風俗的不同，而出現的語言隔閡及誤解，此類情形，常因行為人缺乏損人、貶人之本意而不具可罰性，例如：兒子學校考試成績不好，父親罵兒子「龜兒子」、「王八蛋」、「兔崽子」、「白癡」…等等（判斷是否有此本意，尚須配合各項因素綜合觀之，例如說話對象、說話的當時對象、說話當時情狀、說話內容等），只要行為人在一般人的理解程度下認為，該行為必不至遭其本人、聽眾、觀眾、讀者負面反感，則不應受侮辱罪之處罰[8]，依判決公然侮辱之立法目的乃在保障個人名譽權。

8　參照臺灣高等法院臺南分院，101 年度上易字第 242 號刑事判決。

二、有關公然侮辱民事條文之立法目的

　　民法第 18 條（人格權之保護）人格權受侵害時，得請求法院除去其侵害；有受侵害之虞時，得請求防止之。前項情形，以法律有特別規定者為限，得請求損害賠償或慰撫金。同法第 184 條（獨立侵權行為之責任）因故意或過失，不法侵害他人之權利者，負損害賠償責任。故意以背於善良風俗之方法，加損害於他人者亦同。違反保護他人之法律，致生損害於他人者，負賠償責任。但能證明其行為無過失者，不在此限。民法第 195 條不法侵害他人之身體、健康、名譽、自由、信用、隱私、貞操，或不法侵害其他人格法益而情節重大者，被害人雖非財產上之損害，亦得請求賠償相當之金額其名譽被侵害者，並得請求回復名譽之適當處分。

　　本條之立法理由，民國 18 年 11 月 22 日第 195 條立法理由，查民律草案第九百六十條理由謂，身體、康健、名譽、自由之被害人，雖非財產上之損害，亦得請求相當賠償之金額（慰藉費），以保全其利益。其名譽之被侵害，非僅金錢之賠償足以保護者，得命為恢復名譽之必要處分，例如登報謝罪等。至此項損害賠償請求權，乃專屬於被害人，除因契約承諾或已提起訴訟外，不得讓與或繼承之。此本條所由設也。

表 2-1　公然侮辱刑事與民事的條文之立法目對照表

	公然侮辱刑事條文立法目的	公然侮辱民事條文立法目的
保障範圍	個人名譽權	人格權
救濟方式	被害人，無關其真實與否，凡能達到使被害人社會、倫理道德之價值受侵害、貶損之情形均可向法院提起告訴。	1. 行為人公然侮辱被害人，無關其真實與否，凡能達到使被害人社會、倫理道德之價值受侵害、貶損之情形均可。侵害情節重大，得請求法院除去其侵害。 2. 有受侵害之虞時，得請求防止之。 3. 得請求損害賠償或慰撫金。
法院處置	拘役或易科罰金	金錢上損害賠償

資料來源：本研究整理。

　　由此可得知，刑法與民法上，就個人名譽之法益保護刑法採以國家公權力介入，不論被害人名譽有無受實際損害，只要有侮辱之行為即成立本罪；民法之保護方式為，其被害人所受損害賠償由民法填補被害人之損害或回復原狀並得請求防止之。刑法第 309 條與民法第 18 條、第 184 條、第 195 條適用之關係相形之下各有保護目的與範圍。

第二節　公然侮辱名譽之學說與實務見解

一、學說見解

　　在大法官 509 號解釋前，實務上對於公然侮辱之行為，有為數不少的司法院解釋與最高法院裁判；在大法官 509 號解釋之後，實務皆以此為基準，來認定行為人是否構成犯罪。一般而言學界對公然侮辱之名譽概念，分為「外在名譽」、「感情名譽」、「內在名譽」三種，分別論述如下：

（一）廖正豪教授認為：

　　名譽之觀念又可分為「純粹的（真實的）名譽」與評價的名譽二者，前者係超乎感情因素，摒除主觀色彩之名譽，亦即存在於客觀中之真實名譽。因其存在於人之內部，超然獨立，不受外界毀譽之影響，故無受妨害之可能，無法律上意義，故非妨害名譽罪之保護客體例如：花蓮地方法院 106 年度易字第 443 號判決被告陳稱「不要臉」等語病位存有歧視性別差別對待，而屬雙方爭吵時之情緒性用語；縱使被告所為已傷及告訴人主觀上之情感，惟客觀上對於告訴人之人格評價並無影響時，或可為民事侵權行為損害賠償之主張，但不得遽以刑法公然侮辱罪加以論處。後者係對於名譽加以主觀或客觀評價，故稱為評價的名譽。通說所認有三種不同之名譽形態，「國家評價之名譽」、「社會評價之名譽」、「主觀評價之名譽」。國家評價之名譽，即國家對於個人之評價，亦即因政治組織之立法或行政行為而承認或表彰之名譽是也。社會評價之名譽，為社會對於個人之評價，即因社會評價或價值判斷者是。通常所謂名聲、人望、身價、公評此之謂也。此種名譽為今日名譽形態中最為重要者，刑法學上之名譽係以此種名譽為主。主觀評價之名譽有別於國家評價

之名譽或社會評價之名譽之純客觀名譽，此種名義係以人之主觀對於自己評價之意識之客觀上價值，亦即客觀所是認之個人名譽感情或名譽意識是也[9]。

（二）甘添貴教授認為：

名譽之概念又可分為「事實名譽」、「規範名譽」、「主觀名譽」。

1. 事實名譽又稱為社會名譽或外在名譽，乃係社會一般人對一個人的人格價值所作之評價，至其真實之人格價值如何，則非所問。

2. 規範名譽，乃係一個人之人格價值應為社會一般人正當認識與尊重之地位或狀態。並非現實存在之名譽，而係應當存在之名譽，亦即對於自己人格之社會評價，應當受社會一般人所尊重之地位。

3. 主觀名譽，又稱為感情名譽，乃係一個人對於他人就其人格價值所為評價之主觀感受或反應。此種名譽，因純屬個人主觀之感受或反應，可否作為法益加以保護，學界向有爭議。持肯定說見解認為侮辱罪與誹謗罪保護法益有別，侮辱罪，以個人主觀名譽為其保護法益；誹謗罪，則以個人之事實名譽為其保護法益。惟持否定見解者則認為無論侮辱罪或誹謗罪，均以個人之事實名譽為其保護法益。

甘添貴教授認為，以空泛之言詞辱罵他人「瘋子」或「智障」等，並不會影響社會一般人對該他人人格之社會評價，且亦不足以影響其人人格上價值應為社會一般人正當認識與尊重之地位或狀態，至多僅使該他人精神上或心理上感受之難堪或不快，所影響者僅係該他人之主觀感受或反應而已。因此，侮辱罪之保護法益，似以主觀名譽較符合實情[10]。

（三）曾淑瑜教授認為：

刑法第二十七章妨害名譽罪，係保障在社會上生活之人人格尊嚴受到尊重，保護之法益為「名譽」，由於其關係到人格價值，故一般均將名譽區分為「內部名譽」、「外部名譽」及「主觀名譽」三種。所謂「內部名譽」，與評價無關，乃是客觀上人格內在之價值，即人格之價值；所謂「外部名譽」，乃是外界賦與該人者，意指社會對該人人格之社會評價，又稱社會名譽；至於「主觀名譽」，又稱為名譽感情，

9　參照廖正豪，刑事法雜誌論著妨害名譽罪之研究（上）第 13-15 頁（財團法人刑事法雜誌社基金會出版 197608.20:4 期）。

10　參照甘添貴，著刑法各論（上）修訂三版第 159-160 頁 2013 年三民書局出版。

是自己對自己人格價值之意識，隱含名譽感情之內涵。此三種名譽當中，內部名譽為內在人格之價值，非為現實之名譽，尚無法受到他人之侵害，刑法無保護之必要[11]。由上述可知，曾淑瑜教授認為僅「外部名譽」及「主觀名譽」為刑法「名譽」保護之法益。

二、實務見解

而實務見解認為：所謂侮辱乃對他人為輕蔑表示之行為。易言之，乃對他人為有害於感情名譽之輕蔑表示，足使他人在精神上、心理上有感受到難堪或不快之虞者，亦即侮辱行為本身須具有侵害他人感情名譽之一般危險，始足當之。次按，所謂公然，乃不特定人或多數人直接行以共見共聞之狀態，至於現場實際上有多少人見聞，均非所問[12]。由此可證實務採感情名譽說見解。

第三節　小結

由前文論述可知，公然侮辱罪保護的法益是「感情名譽」，所處罰之行為是抽象的未指明具體的事實，侮辱內容足以貶損他人在社會上的評價行為。且刑法309條規定行為人須「公然」為之，所謂「公然」，依實務見解係指不特定人或多數人得以共見共聞之狀態，至於現場實際有多少人見聞，均非所問。若公然侮辱所侮辱的是一個具體的又與事實相符，那麼應該如何評價？此一問題涉及公然侮辱罪是否保護外在名譽的問題，若依廖正豪教授見解，刑法學上所謂之名譽系以通常所謂名聲、人望、身價、公評，之社會評價名譽為主，似主張保護外在名譽。而「純粹的（真實的）名譽」因其存在於個人內部，不受外界毀損之影響，因此非妨害名譽罪之保護客體。再依曾淑瑜教授認為僅「外部名譽」及「主觀名譽」為刑法「名譽」保護之法益。但依甘添貴教授的見解，則不論行為人所侮蔑的內容與客觀事實是否相符，行為人仍然構成公然侮辱罪，感情名譽只管被害人主觀之感受，目前實務多為此見解。

---

[11] 參照曾淑瑜，圖解知識六法刑法分則編第 555 頁 2007 年 1 月新學林出版。
[12] 參照台灣台北地方法院，刑事判決 95 易字 704 號判決。

表 2-2　公然侮辱之名譽概念表

學說見解	
廖正豪教授	採「社會評價之名譽」又稱「外在名譽」為刑法「名譽」保護之法益。
甘添貴教授	採「主觀名譽」又稱「感情名譽」為刑法「名譽」保護之法益。
曾淑瑜教授	採「外部名譽」及「主觀名譽」為刑法「名譽」保護之法益。
實務見解	
採「主觀名譽」又稱「感情名譽」為刑法「名譽」保護之法益。	
本文意見	
採「主觀名譽」又稱「感情名譽」為刑法「名譽」保護之法益。	

資料來源：本研究整理。

第三章　公然侮辱罪之實務判決研究

第一節　公然侮辱罪構成要件與犯罪行為態樣之探討

一、公然侮辱構成要件

　　刑法第 309 條第 1 項，「公然侮辱人者，處拘役或三百元以下罰金」。故成立公然侮辱罪，需要滿足的條件有二：(1) 需有侮辱行為 (2) 需公然為之。司法實務也認為「刑法上之公然侮辱罪，祇須侮辱行為足使不特定人或多數人得以共見共聞，即行成立，不以侮辱時被害人在場聞見為要件 [13]。

1. 林山田教授認為公然侮辱罪其構成要件：

(1) 客觀不法構成要件：

　　行為人在不特定人、多數人或特定的多數人共見或共聞下，或得以共見或共聞的狀況下，侮弄辱罵特定人或可得推知之人，方構成本罪。否則，若對不特定人或不能推知之人公然侮辱者，自不能成立本罪。又公然嘲弄或謾罵他人，不問以言語、文字或舉動，均可購成本罪，侮辱時也不必以被害人在場見聞為必要。此外，公然侮辱之後，被害人的名譽是否實際受到損害，亦不影響本罪的成立。

　　單純對於他人不禮貌的行為或言詞，或是忽視而不尊重他人，固與本罪行為不相當；惟有時這種行為與本罪的侮辱行為，含混而不易區分，這應該就案情整體地判斷。此外，在判斷時也應顧及行為人的年齡、教育程度、職業、與被害人的關係、行為地的方言或用詞習慣等事項、而不能一概而論。至如僅戲言笑謔，或長官訓示部屬、師父訓誡徒弟、教師訓誨學生等，則非屬本罪的侮辱行為；惟若超過訓示、教誨的必要程度，客觀上可以認定長官、師長係借題發揮，則有可能構成本罪。

---

[13] 參照司法院，30 年院字第 2179 號解釋。

(2) 主觀不法構成要件：

　　行為人主觀上必須具備公然侮辱故意，而為本罪的行為者，方能構成本罪。這種侮辱故意，包括直接故意與間接故意。至於行為人是否具有損害他人名譽的意圖，或他人名義是否因行為人的侮辱行為而受損，均與本罪的成立無關。換言之，行為人公然侮辱他人，並不具損害他人名譽意圖，且其公然侮辱行為也不損及他人名譽，只要行為人具有公然侮辱的故意，而為本罪的行為，即可構成本罪[14]。

2. 曾淑瑜教授認為公然侮辱罪其構成要件：

行為主體：一般人

行為客體：行為人以外特定之自然人

主觀構成要件要素：故意

客觀構成要件行為：侮辱行為

情狀要件：公然

其他：須告訴乃論（第 314 條）[15]。

3. 柯耀程教授認為：

　　「公然侮辱為表意犯罪典型類型。其成立要件並非僅在客觀的情境，也不再於所為之言詞是否具有侮辱性質而已，而是必須明確確認表意犯的成立核心，亦即必需判斷被告所言，是否得以視為侮辱的意思表示，且需確認行為是否具有使其所欲侵害對象名譽受損的內在意向，如果欠缺此二條件，則雖有客觀情狀存在，仍無法遽認侮辱罪已成立[16]。

　　歸結上述學者看法，可以得出三項要點：

(1) 公然侮辱罪的成立，主觀上除了構成要件的故意外，客觀上行為人只要有侮辱行為及意思表示即可構成本罪的成立。

(2) 情狀要件：行為人在不特定人、多數人或特定的多數人共見或共聞下，或得以共見或共聞公然的狀況下，辱罵特定人或可得推知之人，辱罵時也不必以被害人在場見聞為必要。

---

[14] 參照林山田著，刑法各罪論（上冊）修訂五版第 258-260 頁 2006 年 11 月元照出版。

[15] 參照曾淑瑜著，前書第 554 頁。

[16] 參照柯耀程，表意犯的迷失臺北地方法院 88 年易字第 2657 號判決暨臺灣高等法院 89 年度易字第 145 號判決評釋月旦法學雜誌第 69 期第 184 頁。

(3)　行為時需具有使其所欲侵害的對象及名譽受損的內在意向，至於被害人的名譽
　　　是否實際受到損害，亦不影響本罪的成立。

4. 實務上公然侮辱罪之成立要件：

　　按言論自由為人民之基本權利，憲法第 11 條有明文保障，以達成公民實現自
我、溝通意見、追求真理及監督各種政治或社會活動之功能性目的，倘行為人言論
係針對特定事項，依個人價值判斷，提出評論性意見，如非出於真正惡意之陳述，
因發表意見之評論者不具有妨害名譽之故意，縱其批評內容足令被批評者感到不快，
仍屬於憲法所保障言論自由之範疇，不能成立公然侮辱罪（見臺灣高等法院臺中分
院 105 年度上易字第 1342 號判決意旨）。次按「公然侮辱」則指以最粗鄙之語言
在公共場所向特定之人辱罵時，倘為其他不特定人可以聞見之情形，而其語言之含
義，又足以減損該特定人之聲譽者（司法院院字第 1863 號解釋意旨參照）；又按
刑法第 309 條所規定之「侮辱」，係以使人難堪為目的，以言語、文字、圖畫或動
作，表示不屑、輕蔑或攻擊之意思，足以對於個人在社會上所保持之人格及地位，
達貶損其評價之程度，始足當之；此罪所擬保護者，乃個人經營社會群體生活之人
格評價，侮辱之涵義，判斷上每隨行為人與被害人之性別、年齡、職業類別、教育
程度、平時關係、行為時之客觀情狀、行為地之方言或語言使用慣習等事項，呈現
浮動之相對性，不宜執持任一事由即遽為肯認，而應綜合全盤情狀進行審查。再刑
法妨害名譽罪章保護之法益係在保障個人之名譽不受不當詆毀，而名譽究有無毀損，
非單依被害人主觀上之感情決之，實應依社會通念為客觀之評價，如評價結果認客
觀上名譽已受貶損，則縱使未傷及被害人主觀之感情，仍應視為名譽之侵害；反之，
縱然已傷及被害人主觀之情感，然實際上行為人之行為對被害人社會之客觀評價並
無影響，仍不為名譽之侵害（臺灣高等法院 104 年度上易字第 937 號判決意旨、臺
灣高等法院花蓮分院 104 年度上易字第 56 號判決意旨參照）。又按現代社會中，「人
性尊嚴」應是當代社會所承認每個人都應享有之狀態，僅因社會承認、評價之對象
係「人性尊嚴」和「個人價值」有所差別，從而基於個人之獨立性、具個別性價值
之社會資訊狀態，係誹謗罪所要保護之「個別的社會性名譽」；作為人性尊嚴之社
會資訊狀態，則係侮辱罪所保護的「普遍的社會性名譽」（平川宗信，「憲法的刑
法學的展開」【中譯】，頁 271，有斐閣，2014 年 12 月 20 日初版一刷）。[17]

---

[17] 參照臺灣花蓮地方法院刑事判決 106 年度易字第 443 號。

二、爭議問題檢討：

（一）公然罵人等同公然侮辱嗎？

　　　刑法第 309 條第 1 項，「公然侮辱人者，處拘役或三百元以下罰金」。刑法的規定是不能公然侮辱人，而不是不能公然罵人，因此公然罵人就等同公然侮辱嗎？罵人可能是種對人的責備，也可能是個人的情緒反應與心情的抒發，也可能是個人的口頭禪，當然也可能是種侮辱。然目前實務上認定公然侮辱除罵人文句外亦包含比手勢及數字，例如罵人以文句「他媽的」臺灣臺北地方法院刑事判決 106 年度易字第 4 號公然侮辱罪，處拘役參拾日；臺灣臺中地方法院刑事判決 106 年度易字第 4071 號公然侮辱，無罪；臺灣高雄地方法院刑事簡易判決 104 年度簡字第 1577 號，處罰金新臺幣肆仟元。比手勢臺灣臺北地方法院刑事判決 102 年度易字第 454 號，處罰金新臺幣參仟元；臺灣臺中地方法院刑事判決 106 年度易字第 1912 號，處拘役貳拾伍日；臺灣高雄地方法院刑事判決 102 年度易字第 177 號公然侮辱罪，處拘役參拾伍日；及以數字臺灣新北地方法院刑事判決 105 年度審易字第 4821 號、臺灣基隆地方法院刑事簡易判決 103 年度基簡字第 286 號，都是侮辱方式的一種。

（二）公然侮辱的態樣：

　　以新聞媒體所報導作為分類，可分為以下幾種：

1. 以言語辱罵方式表示，有以下幾種型態：

(1) 資深媒體人周某日前上政論節目時，針對年金改革的議題討論時，對同場的受邀來賓台灣警察協會創會執行長、前彰化分局員警陳某辱罵「黑道」、「流氓」等字眼，對方一狀提告公然侮辱。台北地院今 (31) 日上午做出判決，判處周某拘役 50 日，得易科罰金 5 萬元，全案可上訴 [18]。

(2) 已淡出演藝圈多年的前「酒國名花」凌某（本名謝某），轉職開畫室維生的她，因日前弄髒 3 樓畫室樓梯，2 樓的美甲店老闆用水沖洗樓梯，不料水滲進 1 樓的 7-11 超商倉庫，導致超商禮盒被弄濕，雖然當下凌某拿拖把下樓清理並道歉，不過仍遭到超商女店員三字經辱罵，甚至女店員還撂人來叫囂，凌某氣的當下報警處理，並委託律師對該店員提告公然侮辱和妨礙名譽罪，也會向超商

---

[18] 參照罵退休警是流氓周某被判拘役 50 天 TVBS 新聞網林保宏 2018 年 5 月 31 日上午報導。https://news.tvbs.com.tw/world/929648（最後瀏覽日期 :108 年 5 月 4 日）。

求償[19]。

(3) 不給上廁所穢語辱醫護，老翁被訴大便也會惹官司，年近 60 的曾姓老翁在台大醫院急診室就診，因醫護人員擔憂安全，勸阻他獨自到廁所上大號，曾不領情用三字經飆罵醫護人員，更控告王姓、張姓醫護人員妨害自由，台北地檢署偵查後，不起訴 2 名醫護人員，曾則依醫療法公然侮辱醫療人員罪起訴[20]。

(4) 為佔用地嗆「你是甚麼東西！」大樓管委判罰金 5000 元。新竹一名謝姓男子，擔任大樓的管理委員，2015 年和擔任派駐該社區的孫姓物業經理，在管理委員會議時，因為住戶大門佔用住戶共同土地問題發生口角，他公開辱罵，「你是什麼東西！」對方因此提告，新竹地方法院認為，他聲稱不是侮辱，當庭也有道歉，不過說話帶刺，雙方又沒和解，因此判處 5000 元，得易服勞役[21]。

(5) 台北一位楊姓老翁因為從事殯葬、命理業，很忌諱人家說他「卡到陰」或是「中邪」，但他的朋友高老先生卻常叫他「卡陰的」，讓他非常不舒服，便告上法院。台北地院法官認為這句話的確有損名譽，將高老先生依公然侮辱罪判罰 5 千元；高老先生出面喊冤，認為「卡陰的」不是罵人，而是對殯葬業的專業稱呼。收到判決書，高老先生很無奈，因為他說朋友是「卡陰的」，被依公然侮辱罪判罰 5 千元，高老先生說，「我沒有罵他，這是對他工作的尊稱，他做葬儀業」。但高老先生和告他的楊姓老翁認識好幾年了，很清楚楊姓老翁因為從事葬儀、命理業，很忌諱「卡到陰」、「中邪」這些特定用詞，高老先生卻還私下叫他「卡陰ㄟ」，見了面也當面這麼稱呼，楊姓老翁相當不滿，便告上法院。雙方友人透露，高老先生私下會說，「卡陰ㄟ怎麼沒來？」高老先生則說，「我是在說他的工作，卻被硬拗、告我！」，但法官認定，「卡到陰」有嘲諷取笑和謾罵的意思，有損他人名譽，觸犯公然侮辱罪，判罰 5 千元[22]。

---

[19] 參照三立新聞網，2018 年 5 月 30 日下午 12:20 記者陳　明／新北報導。
https://www.setn.com/News.aspx?NewsID=386035（最後瀏覽日期:108 年 5 月 4 日）。

[20] 參照中時電子報，張孝義／台北報導 2018 年 5 月 13 日上午 5:50。
https://www.chinatimes.com/newspapers/20180513000478-260106?chdtv
（最後瀏覽日期:108 年 5 月 4 日）。

[21] 參照 ETtoday 新聞雲，2017 年 03 月 28 日社會中心／新竹報導。
https://www.ettoday.net/news/20170328/893272.htm（最後瀏覽日期:108 年 5 月 4 日）。

[22] 參照 ETtoday 新聞雲，2013 年 01 月 03 日東森新聞記者呂儀君、林育泉／台北報導。
https://www.ettoday.net/news/20130103/148014.htm（最後瀏覽日期:108 年 5 月 4 日）。

2. 以肢體、動作表示方式，有以下幾種型態：

(1) 新北市議員李某前年與獨立樂團「騷包樂團」主唱許某發生爭執，李某對許姓姊妹比中指，還罵「肖查某」；新北地院依公然侮辱罪判拘 10 日，得易科罰金 1 萬元，可上訴 [23]。

(2) 比中指辱罵老婦求和解被拒，老外遭警函送法辦。一名外國男子布萊恩（譯音）在台北市西門捷運站，疑似不滿一位老婦人拖行李箱擋住他的去路，竟然用腳踹翻行李箱，還用英文飆髒話，惡劣行徑讓一旁黃姓男子看不下去，要求他向婦人道歉，不料竟遭對方比中指飆罵「Fuck you all Chinese！」黃男事後到派出所報案提告，警方訊後依公然侮辱罪將布萊恩函送法辦。事發後 2 天，黃男認為「台灣人的尊嚴不應該被踐踏！」前往派出所對布萊恩提告公然侮辱，警方調閱監視器畫面循線逮人，起初布萊恩見到媒體打算逃離，在警方勸說下才願意接受偵訊。他辯稱，當時婦人的行李箱撞到他的腳，見對方沒有道歉或任何表示，一氣之下才會踹開行李箱，對於飆罵黃男的脫序行為，他則感到萬分抱歉，希望能夠和解。不過，黃男認為布萊恩身為英文老師，教導台灣小孩英文，卻對台灣人如此不友善，甚至言語中充滿歧視，實在無法原諒。另外，他也提到，布萊恩稍早已私下聯絡他，但過程中卻絲毫感受不到任何誠意，才會拒絕和解。警方訊後則依公然侮辱罪將布萊恩函送法辦 [24]。

(3) 婦人對鄰居家搖臀 55 次「如比中指」，被依侮辱罪起訴。卡通蠟筆小新最愛搖臀開玩笑，台中也出現類似情況，但主角變成一名婦人！黃姓婦人和鄰居張男長期不和，張男指控，黃婦 5、6 年來常常以蹲馬桶姿勢對著他家門口搖臀拍屁股，根本是在侮辱人，氣得裝設監視器，一個月來共拍到她搖屁股 55 次，甚至還辱罵他半身不遂，決定提告；但婦人強辯，蹲下起立是在運動。張男表示，66 歲黃婦三天二頭就到他的門口前，不只對著他家以屁股晃來晃去，甚至還惡言相向，為了自保他錄影錄音存證，一定要對婦人告到底。黃婦則反控，張男抽油煙機一大早就啟動，她說話語氣才會不客氣，至於指控搖屁股這部份，黃婦辯說，只是連續做著起立和蹲下的運動，並沒有妨害到任何人。但這樣情形已維持 5、6 年，檢察官認為，婦人用屁股對著男子家門就像是對他人比中指一

[23] 參照自由時報，2018-01-11 11:18 記者王定傳 / 新北報導。
https://news.ltn.com.tw/news/society/breakingnews/（最後瀏覽日期 108 年 5 月 4 日）。

[24] 參照 ETtoday 新聞雲，社會中心 / 台北報導 2018/05/07 報導。
https://www.nownews.com/news/20180507/2749655/（最後瀏覽日期：108 年 5 月 4 日）。

樣，有侮辱意思，最後依公然侮辱罪起訴這名婦人 [25]。

3. 以影射方式表示，有以下幾種型態：

(1) 焦男指「狗」怒罵「老母狗」被控公然侮辱罰金 6000 元，不是只有指著別人鼻子罵，才叫做公然侮辱，基隆市焦姓男子在同社區的張姓女子面前，指著社區的狗怒罵「妳是老母狗…要去找公狗」等語，遭到高等法院判定公然侮辱罪，罰金 6000 元。焦男指「狗」怒罵「老母狗」被控公然侮辱，罰金 6000 元。高院法院認定焦男以「指桑罵槐」方式，辱罵張女是老母狗，判定維持一審判決 [26]。

(2) 上櫃遊戲公司歐 OO 集團 100 年併購綠 OO 科技，歐 OO 董事長林某也成為綠 OO 科技董事長，綠 OO 前總經理王某認為公司遭惡意併吞，去年 4 月在臉書 PO 文「哇，是我高估了綠 OO 科技的現值了…還敢投資這種敗類嗎？」、「不肖董事長」、「利用名目來花費、核銷」等語。林認為被影射，對王提告，新北地檢署今依公然侮辱、加重誹謗罪嫌起訴王，民事部分，王去年底已被判賠須賠償林 5 萬 9 千餘元，並在個人臉書刊登道歉啟事一天 [27]。

(3) 新北市一名藍姓男子和他的客戶陳姓男子發生糾紛，在部落格中貼文把「他」通通寫成「牠」，陳男憤而提告。法官認為，部落格文章內容都是和貓狗都無關的文字，認定藍男是故意侮辱陳男，判罰 5 萬元。民國 99 年間，藍男在部落格寫著，「今天特地打了一通電話給『牠』的委任律師」、「百足之蟲死而不僵」等，引起被指涉的陳男不滿，憤而提告。新北市地院判定，「牠」並非電腦選字第一選項（注音輸入「ㄊㄚ」後），內文也與貓狗等動物無關，因此民國 101 年 11 月間判定藍男故意侮辱陳男，判決拘役 15 天。之後，陳男又再度求償 50 萬元，最終民事庭審理後，判決藍男要賠 5 萬元，且必須登報道歉、刪除侮辱文字。其實兩人因有業務往來而產生糾紛，隨後藍男就在部落格抒發心情，但「牠」是專指動物代名詞，因此吃上官司。網友回應表示，難道是新的文字獄？不過，因網路謾罵而挨告，也不是頭一遭了。例如一名邱姓男子不

[25] 參照東森新聞 ETtoday 新聞雲，社會中心 2013 年 11 月 29 日報導。
https://www.ettoday.net/news/20131129/302252.htm（最後瀏覽日期 :108 年 5 月 4 日）。

[26] 參照 ETtoday 新聞雲，> 地方 2012 年 11 月 27 日
23:32https://www.ettoday.net/news/20121127/132760.htm（最後瀏覽日期 :108 年 5 月 4 日）。

[27] 參照自由時報，記者陳慰慈 / 新北報導 2017-03-22 報導。
https://features.ltn.com.tw/spring/article/2019/breakingnews/2012825
（最後瀏覽日期 :108 年 5 月 4 日）。

滿遊戲論壇發言，而怒罵網友「腦殘、手殘」，連續 7 次痛罵「衣冠禽獸」等不堪字眼，最後被法官判緩刑 2 年。看來別以為網路是虛擬世界，就能躲在背後罵人，一不小心言詞不當，就容易吃上官司[28]。

4. 以數字方式表示，有以下幾種型態：

(1) 19 歲女臉書 PO「30678」，罵人諧音像台語五字經，被訴拐彎抹角罵人可能吃上官司！基隆市一名沈姓少女到一家沙龍店做指甲，不滿店員沒告訴她首次消費有優惠，氣得在臉書 PO 文，以數字「30678」罵店家，被告侮辱、誹謗。檢方認為，「30678」和台語五字經諧音相近，沈女雖稱不知情，仍被依公然侮辱罪嫌起訴[29]。

(2) 網路回文「87＝白癡」挨告，公然侮辱罪。網路用語很常看到 87 這個數字，台語諧音就像是在罵人，現在有人竟然因為在網路上罵人 87 這個數字，最後被告公然侮辱罪成立。原告說，光是打 87 可能還沒事，但這個人就是因為在後面註解，所以被法官視為罵人的意思[30]。

(3) 「87」兩個字是網路上流行用語，意指「霸氣」或「白癡」，然而，梁姓女子 1 年多前與徐姓男子網路上口角論戰後，張貼「好加在，我身邊沒有這種 87，不然我可能送他上山頭過明年清明了」等文字，徐認遭影射「白癡」，一狀告上法院，梁女辯稱是口頭禪，沒有侮辱對方之意，不被法官接受，判賠 1 萬元且應在「我是新市人」臉書社群上公然道歉。檢警調查，梁女於 2017 年 6 月間上網，因與徐對話過程中有言語衝突，張貼「好加在，我身邊沒有這種 87，不然我可能送他上山頭過明年清明了」等文字，引發徐的不滿。因徐以本名為臉書帳號，網友可自兩人對話中，且從留言前後文內容可知，連結梁女所指「87」（意指白癡）是徐，足以貶損其人格社會評價。徐提告刑事附帶民事訴訟。梁女說，確實在臉書上張貼上述文字。她辯稱，「87」這 2 個字一直以來都是她的口頭禪，她沒有要侮辱對方之意，否認公然侮辱。台南地院認為，「87」是近年網路使用者間甚為流行的網路用語，意指「霸氣」或「白癡」，常見於如臉書、部落格、PTT 或 LINE 等網路通訊領域。然而，梁女與徐口角衝突後，

---

28 參照 ETtoday 新聞雲，社會 2013 年 04 月 16 日東森新聞記者陳又寧、吳宇軒 / 台北報導。https://www.ettoday.net/news/20130416/193204.htm（最後瀏覽日期：108 年 5 月 4 日）。

29 參照 ETtoday 新聞雲，2014 年 02 月 12 日報導。https://www.ettoday.net/news/20140212/324219.htm（最後瀏覽日期：108 年 5 月 4 日）。

30 參照 EBC 東森新聞，2017-03-25 報導。https://www.youtube.com/watch?v=lLaNo7s0jeg（最後瀏覽日期：108 年 5 月 4 日）。

在個人臉書發表上開言論，使不特定瀏覽徐臉書的網友，得以連結其所稱「87」意指「白癡」，在影射徐。同時，梁女在偵查中承認「所以人家看到你 PO『我身邊沒有這樣 87』這句話是否可以聯想到在指徐？）可以」[31]。

(4) 知名社團網友掏錢了事網友在知名臉書社團「爆料公社」，貼出一張新北地方法院判決書，內容提到「被告與告訴人素不相識，但是告訴人在『爆料公社』中貼文『這樣的留言不是該領機票嗎？』」後，在底下回覆「喔。。那一堆人領了。去啊！87」、「87= 白癡」等語。法院檢察官對此提起公訴，認定被告此用語足以貶低告訴人之人格尊嚴，而涉犯刑法第 309 條第 1 項之公然侮辱罪嫌，最後的結果雙方在地院調解成立並撤回告訴[32]。

5. 以網路社群方式表示，有以下幾種型態：

(1) 臉書罵老闆「卑鄙蕭查埔」，判賠並在臉書道歉。台北地院 16 日公布判決書，指吳女在民國 100 年 12 月間，在臉書貼出上述文字洩憤，被「朋友」前公司的其他員工看到後，告訴文中的「前老闆」，這名老闆不滿吳女損害名譽和社會地位，提訟求償 100 萬元，並要求在臉書和報紙刊登道歉啟事。刑事部分已確定，即吳女被判依公然侮辱罪拘役 10 天，可易科罰金；在民事部分，吳女在審理期間辯稱，她的貼文只有自己臉書的朋友可以看得到，也沒寫出前老闆的姓名，還已傳簡訊向對方道歉。法官認定，吳女貼文確侵害對方名譽，但按讚數只有 10 人，且只有被告的臉書朋友看得到、沒有指名道姓，判決賠償 2 萬元，並在臉書貼出道歉啟事[33]。

(2) 洪姓男子在 LINE 群組上公開指罵，前雲林縣長蘇某是「狗母」，而被告上法院，台南高分院認為罵人狗母是將人貶低為畜牲，自屬輕蔑人格、負面評價、使人難堪之語，明顯構成公然侮辱罪，判其拘役十天，得易科罰金，全案確定[34]。

---

31 參照 22019-02-13 11:41 聯合報 記者邵心杰／即時報導。
https://udn.com/news/story/7321/3641230（最後瀏覽日期：108 年 5 月 4 日）。

32 參照中華電視公司網路新聞（華視新聞），2017/03/27 綜合報導台北市 87 涉公然侮辱報導。
https://news.cts.com.tw/cts/life/201703/201703271859568.html
（最後瀏覽日期：108 年 5 月 4 日）。

33 參照 ETtoday 新聞雲，2013 年 04 月 16 日報導。
https://www.ettoday.net/news/20130416/193140.htm（最後瀏覽日期：108 年 5 月 4 日）。

34 參照中華日報，2018 年 6 月 30 日下午記者葉進耀台南報導。
http://www.cdnnews.com.tw/news.php?n_id=23&nc_id=238207（最後瀏覽日期：108 年 5 月 4 日）。

（三）各地方法院判決公然侮辱實證行為態樣：

　　我於 106 年 12 月 1 日間透過司法院裁判書查詢系統，以「公然侮辱罪」進入各地方法院刑事裁判全文檢索，將無關公然侮辱罪之判決，如毀謗或全案僅出現公然侮辱罪而其餘均不相關之判決等去除後，取得民國 105-107 近 3 年之 21 個法院有關「公然侮辱罪」的 366 件刑事判決樣本，然後將行為人公然侮辱的態樣加以分類，得知目前犯罪行為人就公然侮辱仍以言語辱罵方式 257 件為最多，以網路社群方式侮辱 88 件次之，以肢體、動作方式亦有 16 件，以數字方式侮辱有 3 件，以影射方式侮辱則僅有 2 件（如彙整表）。

表 3-1　各地方法院判決公然侮辱實證行為態樣表

編號	各地方法院	公然侮辱行為態樣刑事判決	編號	各地方法院	公然侮辱行為態樣刑事判決
1	台北地方法院樣本 50 件	以言語辱罵方式 40 件 以肢體、動作方式 3 件 以影射方式方式 0 件 以數字方式表示 0 件 以網路社群方式表示 7 件	6	桃園地方法院樣本 15 件	以言語辱罵方式 11 件 以肢體、動作方式 0 件 以影射方式 0 件 以數字方式表示 0 件 以網路社群方式表示 4 件
2	士林地方法院樣本 15 件	以言語辱罵方式 12 件 以肢體、動作方式 0 件 以影射方式 0 件 以數字方式表示 0 件 以網路社群方式表示 3 件	7	新竹地方法院樣本 15 件	以言語辱罵方式 9 件 以肢體、動作方式 1 件 以影射方式 0 件 以數字方式表示 1 件 以網路社群方式表示 4 件
3	新北地方法院樣本 50 件	以言語辱罵方式 31 件 以肢體、動作方式 1 件 以影射方式 0 件 以數字方式表示 2 件 以網路社群方式表示 16 件	8	苗栗地方法院樣本 15 件	以言語辱罵方式 8 件 以肢體、動作方式 1 件 以影射方式 0 件 以數字方式表示 0 件 以網路社群方式表示 6 件
4	宜蘭地方法院樣本 15 件	以言語辱罵方式 9 件 以肢體、動作方式 2 件 以影射方式 0 件 以數字方式表示 0 件 以網路社群方式表示 4 件	9	台中地方法院樣本 20 件	以言語辱罵方式 14 件 以肢體、動作方式 0 件 以影射方式 0 件 以數字方式表示 0 件 以網路社群方式表示 6 件
5	基隆地方法院樣本 15 件	以言語辱罵方式 12 件 以肢體、動作方式 1 件 以影射方式 0 件 以數字方式表示 0 件 以網路社群方式表示 2 件	10	彰化地方法院樣本 15 件	以言語辱罵方式 12 件 以肢體、動作方式 1 件 以影射方式 0 件 以數字方式表示 0 件 以網路社群方式表示 2 件

編號	各地方法院	公然侮辱行為態樣 刑事判決	編號	各地方法院	公然侮辱行為態樣 刑事判決
11	南投地方法院 樣本 15 件	以言語辱罵方式 10 件 以肢體、動作方式 2 件 以影射方式方式 0 件 以數字方式表示 0 件 以網路社群方式表示 3 件	17	台東地方法院 樣本 15 件	以言語辱罵方式 9 件 以肢體、動作方式 0 件 以影射方式方式 1 件 以數字方式表示 0 件 以網路社群方式表示 5 件
12	雲林地方法院 樣本 15 件	以言語辱罵方式 14 件 以肢體、動作方式 0 件 以影射方式方式 0 件 以數字方式表示 0 件 以網路社群方式表示 1 件	18	屏東地方法院 樣本 15 件	以言語辱罵方式 9 件 以肢體、動作方式 1 件 以影射方式方式 0 件 以數字方式表示 0 件 以網路社群方式表示 5 件
12	嘉義地方法院 樣本 15 件	以言語辱罵方式 10 件 以肢體、動作方式 0 件 以影射方式方式 0 件 以數字方式表示 0 件 以網路社群方式表示 5 件	19	澎湖地方法院 樣本 3 件	以言語辱罵方式 0 件 以肢體、動作方式 0 件 以影射方式方式 0 件 以數字方式表示 0 件 以網路社群方式表示 3 件
13	台南地方法院 樣本 15 件	以言語辱罵方式 11 件 以肢體、動作方式 1 件 以影射方式方式 1 件 以數字方式表示 0 件 以網路社群方式表示 2 件	20	金門地方法院 樣本 3 件	以言語辱罵方式 1 件 以肢體、動作方式 0 件 以影射方式方式 0 件 以數字方式表示 0 件 以網路社群方式表示 2 件
14	橋頭地方法院 樣本 15 件	以言語辱罵方式 9 件 以肢體、動作方式 1 件 以影射方式方式 0 件 以數字方式表示 0 件 以網路社群方式表示 5 件	21	連江地方法院 樣本 0 件	以言語辱罵方式 0 件 以肢體、動作方式 0 件 以影射方式方式 0 件 以數字方式表示 0 件 以網路社群方式表示 0 件
15	高雄地方法院 樣本 15 件	以言語辱罵方式 14 件 以肢體、動作方式 0 件 以影射方式方式 0 件 以數字方式表示 0 件 以網路社群方式表示 1 件		合計樣本 366 件	以言語辱罵方式 257 件 以肢體、動作方式 16 件 以影射方式方式 2 件 以數字方式表示 3 件 以網路社群方式表示 88 件
16	花蓮地方法院 樣本 15 件	以言語辱罵方式 12 件 以肢體、動作方式 1 件 以影射方式方式 0 件 以數字方式表示 0 件 以網路社群方式表示 2 件			

資料來源：本研究整理。

第二節　公然侮辱罪司法判決

　　本研究是藉由分析法院刑事公然侮辱事件判決，找尋出法官判決有罪之量刑因素及目前公然侮辱之態樣現象。為達此目的，本文透過司法院裁判書查詢系統，以「公然侮辱罪」，進入各地方法院作為刑事裁判全文檢索，但因時間及人力限制，筆者將無關公然侮辱罪之判決，如毀謗或全案僅出現公然侮辱罪而其餘均不相關之判決等去除後，僅取得 105-107 各地方法院有關「公然侮辱罪」366 件刑事判決樣本數（如彙整表）。

表 3-2　公然侮辱刑事 105-107 近 3 年採樣樣本數彙整表

編號	各地方法院	公然侮辱罪刑事判決樣本數	編號	各地方法院	公然侮辱罪刑事判決樣本數
1	台北地方法院	50(件)	12	雲林地方法院	15(件)
2	士林地方法院	15(件)	13	嘉義地方法院	15(件)
3	新北地方法院	50(件)	14	台南地方法院	15(件)
4	宜蘭地方法院	15(件)	15	橋頭地方法院	15(件)
5	基隆地方法院	15(件)	16	高雄地方法院	15(件)
6	桃園地方法院	15(件)	17	花蓮地方法院	15(件)
7	新竹地方法院	15(件)	18	台東地方法院	15(件)
8	苗栗地方法院	15(件)	19	屏東地方法院	15(件)
9	台中地方法院	20(件)	20	澎湖地方法院	3(件)
10	彰化地方法院	15(件)	21	金門地方法院	3(件)
11	南投地方法院	15(件)	22	連江地方法院	0(件)
合計：366(件)					

資料來源：本研究整理。

　　從上述 366 個判決中可以分析出公然侮辱罪成立與不成立的實證範圍、各法院的判決刑度比較等，以便瞭解各法院在現實中如何判決？判決審酌的狀況為何？

表 3-3　各地方法院公然侮辱行為辱罵內容刑事判決表

編號	各地方法院	公然侮辱內容	刑事判決	
			罰金（元）	拘役（日數）
1	台北地方法院	以網路社群方式表示怪他媽沒給他奶吸	3000	
		以網路社群方式表示餓死鬼投胎	3000	
		you fucking、you fuckarrogant		20
		你問你媽要不要給狗 X	6000	
		惡醫生、爛醫生 2 次		35
		死仆街 3 次	3000	
		以網路社群方式表示醜女 3 次		15
		畜生多次		10
		垃圾 2 次		10
		賣 B 的、小偷、三八		30
		王八蛋		10
		X 你娘三小	3000	
		以肢體、動作方式吐口水、辱罵白癡、神經病		20
		流氓多次		15
		以網路社群方式表示醜男、鱉三、X 你祖母老 XX、臭嘴巴	4000	
		不男不女		30
		爛女人、瘋女人、X 你娘、欠人家 X		40
		八婆		50
		不要臉、下賤		20
		你怎麼長得這個樣子、妳爸媽怎麼教育你的、這麼老了那麼不自重		30
		渾蛋、渾蛋到底、幹	2000	
		X 你娘老 XX、X 你娘、幹	9000	
		垃圾鮑魚		40
2	士林地方法院	「你媽個 B」、「X 你娘」、「三小」	2000	
		「X 你娘 XX」、「X 你老爸老母塞你娘」、「媽妳個 B」		10
		「操你媽」2 次		30
		「X 你娘」		30
		「X 你娘」		10
		「FUCK YOU」、「SHIT」	4000	
		以網路社群方式表示「龜蛋」		30
		以網路社群方式表示「比狗還不如」		30
		「豬頭」、「垃圾人」、「爛腳」		15

編號	各地方法院	公然侮辱內容	刑事判決	
			罰金（元）	拘役（日數）
3	新北地方法院	「太 XX 了」2 次	1000	
		「X 你娘」	4000	
		「X 你娘」、「X 你娘 XX」	6000	
		以網路社群方式表示「精神異常」、「訟棍」	8000	
		「害群之馬」3 次		40
		「變態」	5000	
		「白癡」	6000	
		「X 你娘」、「臭俗仔」	1000	
		「賤人」	4000	
		「俗辣」、「操你媽」		10
		以網路社群方式表示「78 草」、「噁心巴拉」	3000	
		以網路社群方式表示「X 伶娘抄 78」、「不要臉」	5000	
		「X 你娘」、「X 你娘 XX」	7000	
		以社群網站影射方式表示「胖胖的夫妻在工地大便蹲吃便當」、「蟾蜍吃屎」		10
		「X 你娘」	2000	
		「X 你娘」、「X 你娘 XX」	2000	
		「他媽的」	3000	
		「X 你娘」	2000	
		以社群網站方式表示「你腦袋裝屎」	3000	
		「你不會好死」	5000	
		「X 你娘」	2000	
		「X 你娘」	4000	
		「X 你娘 XX」	5000	
		「X 你娘 XX」、「做三小鄰長」		10
		以社群網站方式表示「醜男」、「醜臉」、「低能醜男」	8000	
		以社群網站方式表示「X 你娘」、「殺小」、「破麻」、「幹」	9000	
		「X 你娘」		10
		「X 你老母 XX」	9000	
		「臭卒仔」	7000	
		「X 你娘 XX」	4000	
		以社群網站方式表示「沒覽趴的傢伙」	9000	
		「X 你娘 XX」		30
		「臭卒仔」、「X 娘 XX」、「臭雞掰」	6000	
		以社群網站方式表示「X 你媽」、「內監」、「大白」、「低能」	7000	
		「靠夭」、「靠北」	5000	
		以肢體、動作方式「比中指」辱罵「消查某」		10
		「X 你媽」	3000	
		「X 娘 XX」	6000	

編號	各地方法院	公然侮辱內容	刑事判決	
			罰金（元）	拘役（日數）
4	宜蘭地方法院	「X你娘」、以肢體、動作方式「比中指」	7000	
		「三小」、「垃圾」、「機掰」、「幹」	3000	
		「X你娘」	5000	
		「幹你娘XX」	4000	
		「不要臉」2次	4000	
		「X你娘XX」、「X你老母」、「X你祖嬤」、「X你祖公」、「幹你娘XX」		25
		以社群網站方式表示「王八烏龜蛋」、「垃圾」		20
		「X你娘」		15
		「龜兒子」	3000	
		以社群網站方式表示「你他媽的」、「白癡」、「頭腦裝屎」		10
5	基隆地方法院	「X你娘XX」	4000	
		「瘋女人」、「敗類」	3000	
		以肢體、動作方式「比中指」		8
		「沒水準」、「訟棍」	2000	
		「畜生」、「白目」	5000	
		「白目」	2000	
		「不要臉」	5000	
		「哭爸」、「精神病」	2000	
		「神經病」	5000	
		「垃圾」	2000	
6	桃園地方法院	「被人X一X」		10
		「我X你媽的XX毛」、「幹」		10
		「狗雜碎」、「X你娘XX」	3000	
		以社群網站方式表示「豬」	8000	
		「俗仔」、「沒出息」、「沒水準」	13000	
		「小三」、「賣春的」	5000	
		以社群網站方式表示「腦殘」、「狗一條」、「畜生」、「垃圾」、「敗類」、「死喜憨兒」		40
		以社群網站方式表示「媽寶」		55
		「爛人」、「土匪」、「流氓」	8000	
		「你很屌」、「神經病」、「你瞎了眼」	5000	
		「狗在吠」	5000	

編號	各地方法院	公然侮辱內容	刑事判決	
			罰金（元）	拘役（日數）
7	新竹地方法院	「X你娘」	8000	
		以社群網站、數字方式表示「87」		10
		「X你娘」、「靠北」		20
		「你是什麼東西」	5000	
		「我X你的」	5000	
		「你是骯髒鬼」	3000	
		「王八蛋」、「你是什麼東西」		20
8	苗栗地方法院	「空會長」	5000	
		以社群網站方式表示「腦殘」	5000	
		以社群網站方式表示「屌妳妹」、「屌你媽」、「XX毛死小孩」、「王八蛋」、「豬哥」、「渣男」	8000	
		「你媽大XX」、「X你媽大XX」	4000	
		以社群網站方式表示「神經病」	3000	
		「垃圾鬼」、「不要臉」、「不得好死」、「X你媽XX」	5000	
		以社群網站方式表示「包死醫院」	5000	
		「你不是啞巴嘛」、「白癡」、「白目」、「你再白目一點」	5000	
		「神經病」、「不要臉」、「骯髒鬼」、「沒見沒笑」	3000	
		以肢體、動作方式「比中指」	3000	
		以社群網站方式表示「一個躁鬱症、妄想症的玩家」		5
9	台中地方法院	「你家死人」	10000	
		「你是某生」	5000	
		「犯賤」、「下面養」、「X你娘」、「X他媽十八代祖宗」、「不要臉」、「幹」、「花癡」		40
		「蕭查某」、「爛人」	6000	
		以社群網站方式表示「X你妹的」、「幹」、「X你媽的垃圾」、「秋三小」	5000	
		「雞吧」、「豬頭」、「王八蛋」、「X你娘」		40
		「X你娘」		15
		以社群網站方式表示「畜生」、「北七」	4000	
		以社群網站方式表示「腦帶不清楚」、「欠人X」、「被人玩」	2000	
		「賤人」、「他媽的」、「X你娘」		20
		「X你娘」、「X你娘XX」		10
		以社群網站方式表示「幹」、「渾蛋」、「尻長蛆」、「老子好好肏你」、「長得那個德行出來嚇人嗎」		30

編號	各地方法院	公然侮辱內容	刑事判決	
			罰金（元）	拘役（日數）
10	彰化地方法院	「幹」2次、「X您老杯」、「X您老母」		20
		「俗仔」、「臭俗仔」	3000	
		「蕭查某」	3000	
		「瘋女人」	8000	
		「你就是賣妻作大舅」	3000	
		以社群網站方式表示「智障」		10
		「花癡」	3000	
		「X你阿兄咧」	5000	
		「討客兄」、「X你娘」、「臭XX」、「沒人X」	3000	
		「X你娘XX」	3000	
11	南投地方法院	以社群網站方式表示「下面養」	3000	
		「X你娘」、「X你娘XX」、「幹」、「去給人家X」、「俗仔」、「臭俗仔」	5000	
		以社群網站方式表示「你這麼想要被人養」	6000	
		「瘋婆」	5000	
		「你這種女人三代沒有烘爐，四代梅茶壺，娶妳會倒楣，沒孩子沒兒子」	8000	
		「X你娘臭XX」	6000	
		「幹」、以肢體、動作方式「比中指」	2000	
		以肢體、動作方式「比中指」		10
		「X你娘」、「你老母客兄公」	5000	
		以社群網站方式表示「騙子」		20
12	雲林地方法院	「看到鬼」、「和淡啦」、「吐淡啦」	1500	
		「垃圾鬼」、「你娘XX」		15
		「X你娘XX」、「塞你娘」		20
		以社群網站方式表示「狗母」「死人妖」		20
		「魔鬼來了快逃」3次、「沒擱吠」3次	4000	
		「你娘XX」	5000	
		「不要臉」、「X你娘」、「爛鳥種」、「下哀人」		15
		「X你娘」、「你娘XX咧」	7000	
		「垃圾」、「雞歪」		15
		「瘋女人」、「破XX」		20

編號	各地方法院	公然侮辱內容	刑事判決	
			罰金（元）	拘役（日數）
12	嘉義地方法院	以社群網站方式表示「狗」、「狗幫主」、「狗盟主」		40
		以社群網站方式表示「吳品流浪漢」		30
		「笨蛋」、「幹」	6000	
		「她是酒店小姐」、「每天陪男人睡覺」		30
		「有毛病」、「現世報」		40
		「X 你娘」		15
		以社群網站方式表示「破麻」	2000	
		以社群網站方式表示「賤盤女戰士」	6000	
		「消 XX」2 次、「消尿胚」	6000	
13	台南地方法院	「X 你娘」、「你娘老 XX」、「X 你祖嬤」	5000	
		「你娘 XX」、「X 你娘」、「幹」、「操 XX」	8000	
		「沒見沒笑」	3000	
		「人渣」	2000	
		「畜生」2 次	2000	
		「大爛人」、「爛人」	6000	
		「流氓」、「你要不要臉」		10
		「有一腿」、「你跟他是什麼關係」		10
		「X 你祖母」、「超 XX」、「臭俗仔」	5000	
		以社群網站方式表示「豬」	8000	
		「畜生」、以肢體、動作方式朝原告方向「潑水」	8000	
14	橋頭地方法院	以社群網站方式表示「不要臉」、「無恥」、「小偷」	5000	
		「細姨生的」		20
		以社群網站方式表示「瘋狗」、「像狗吠」、「不要臉」、「神經病」、「不知道醜」、「畜生」		20
		「你娘蛤」、「X 你娘」		30
		以社群網站方式表示「禮義廉恥不會唸」、「鄉巴佬」、「社會敗類」、「裝聖人」		20
		「我操你媽哩」、「我操你的哩」	2000	
		以肢體、動作方式朝原告方向「吐口水」、「廢物」	8000	

編號	各地方法院	公然侮辱內容	刑事判決	
			罰金（元）	拘役（日數）
15	高雄地方法院	「你是豬」		15
		「哭爸」、「爛人」		50
		「臭 XX」		35
		「垃圾」、「龜兒子」		35
		「神經病」6 次	5000	
		「討客兄」、「蕭查某」、「真惡質」、「歹厝邊」、「垃圾」		50
		「龜兒子」、「人渣」		10
		「操你媽」	2000	
		「靠北」、「X 你娘 XX」	6000	
16	花蓮地方法院	以社群網站方式表示「腦殘」	3000	
		「幹你娘」	2000	
		「X 你娘 XX」、以肢體、動作方式朝原告「比中指」		10
		「大尾菜蟲」		15
		「下賤」、「死不要臉」、「不要臉」、「臭逼」、「騷逼」		90
		「不要臉」、「豬」、「神經病」		8
		「白癡」、「神經病」	4000	
		「去給人家搞」、「給人家 X」「垃圾」		30
		「幹」、「X 你娘」	3000	
		以社群網站方式表示「賣早餐的狗」	4000	
17	台東地方法院	「X 你娘」	3000	
		「X 你娘老 XX」、「不成子」		25
		以社群網站方式表示「廢物」、「人渣」、「狼心狗肺」	5000	
		「X 你娘」	3000	
		「X 你娘」	2000	
		「X 你娘」、「X 你娘老 XX」、「臭 XX」「X 你娘」		35
		以影射方式表示「香蕉」辱罵		20
		「破麻」、「瘋婆子」、「神經病」、「去給人家 X」	6000	

編號	各地方法院	公然侮辱內容	刑事判決	
			罰金（元）	拘役（日數）
18	屏東地方法院	以社群網站方式表示「王八烏龜蛋」、「烏龜亂叫」、「頭殼壞去」、「你之前賣過雞」、「賣雞就賣雞」	8000	
		以社群網站方式表示「破麻」、「白賊狗男女」、「幹」、		30
		「X你娘」		10
		在公佈欄原告簽名欄內書寫「幹」字		10
		「你家被X」、「X你娘」、「你被人X」、「丟臉」、「有夠丟臉」、「會被人X」、「我X你祖公嬤」	5000	
		「瘋女人」、「X你娘」		15
		以肢體、動作方式朝原告方向「吐口水」	5000	
		以社群網站方式表示「數一數二廢物」、「廢物」、「垃圾」		15
		「瘋子」、「奧貨」	5000	
		「沒見笑」、「X你樓雷」		20
		「老新娘討客兄」	8000	
		「X你娘超XX」2次	6000	
19	澎湖地方法院	0	0	0
20	金門地方法院	「笨蛋」、「神經病」、「瘋子」、「你腦筋有問題」、「你白癡喔」	5000	
21	連江地方法院	0	0	0

資料來源：司法院裁判書網路查詢系統 106 年 12 月 1 日以「公然侮辱罪」查詢，表格本研究整理。

　　由以上統計研究發現，一般行為人犯公然侮辱罪時以不雅言語謾罵為多，且司法判決按侮辱次數處罰，雲林地方法院謾罵 3 次「看到鬼」、「和洨啦」、「吐洨啦」罰金 1500 元，而桃園地方法院同樣謾罵 3 次「俗仔」、「沒出息」、「沒水準」罰金 13000 元，另拘役日數花蓮地方法院謾罵 3 次「不要臉」、「豬」、「神經病」判決 8 日，同樣為花蓮地方法院謾罵 5 次「下賤」、「死不要臉」、「不要臉」、「臭逼」、「騷逼」判決 90 日。顯然各地方法院法官就公然侮辱之判決並不一致。

第三節　公然侮辱罪司法判決之趨勢

　　由各法院判決採樣 366 件公然侮辱刑事判決，研究統計出就公然侮辱不受理共計 122 件，其中不明原因撤回 62 件、達成和解並撤回案件的有 56 件、被告死亡的有 3 件、逾告訴期限的 1 件。無罪判決共計 16 件，判處拘役共計 89 件、罰金共計 139 件。由上統計得知地方法院判決公然侮辱罪時還是以罰金為多。

表 3-4　各地方法院公然侮辱刑事判決統計表

法院	刑（種類、件數）		最低刑度	最高刑度
臺北地方法院 （50 件）	罰金（8 件）（新台幣）		2,000 元	9,000 元
	拘役（15 件）（日數）		10 日	50 日
	不受理（25 件）	和解（7 件）		
		撤回（15 件）		
		逾 6 個月告訴期限（1 件）		
		被告死亡（2 件）		
	無罪	（2 件）		
士林地方法院 （15 件）	罰金（2 件）（新台幣）		2,000 元	4,000 元
	拘役（7 件）（日數）		10 日	30 日
	不受理（6 件）	和解（3 件）		
		撤回（3 件）		
		逾 6 個月告訴期限（0 件）		
		被告死亡（0 件）		
	無罪	（0 件）		
新北地方法院 （50 件）	罰金（31 件）（新台幣）		1,000 元	9,000 元
	拘役（7 件）（日數）		10 日	40 日
	不受理 （11 件）	和解（5 件）		
		撤回（6 件）		
		逾 6 個月告訴期限（0 件）		
		被告死亡（0 件）		
	無罪	（1 件）		

法院	刑（種類、件數）	最低刑度	最高刑度
宜蘭地方法院 （15件）	罰金（6件）（新台幣）	3,000元	7,000元
	拘役（4件）（日數）	10日	25日
	不受理 （4件）	和解（4件）	
		撤回（0件）	
		逾6個月告訴期限（0件）	
		被告死亡（0件）	
	無罪	（1件）	
基隆地方法院 （15件）	罰金（9件）（新台幣）	2,000元	5,000元
	拘役（1件）（日數）	8日	8日
	不受理 （4件）	和解（2件）	
		撤回（2件）	
		逾6個月告訴期限（0件）	
		被告死亡（0件）	
	無罪	（1件）	
桃園地方法院 （15件）	罰金（7件）（新台幣）	3,000元	13,000元
	拘役（4件）（日數）	10日	55日
	不受理 （3件）	和解（1件）	
		撤回（2件）	
		逾6個月告訴期限（0件）	
		被告死亡（0件）	
	無罪	（1件）	
新竹地方法院 （15件）	罰金（4件）（新台幣）	3,000元	8,000元
	拘役（3件）（日數）	10日	20日
	不受理 （8件）	和解（3件）	
		撤回（5件）	
		逾6個月告訴期限（0件）	
		被告死亡（0件）	
	無罪	（0件）	
苗栗地方法院 （15件）	罰金（10件）（新台幣）	3,000元	8,000元
	拘役（1件）（日數）	5日	5日
	不受理 （3）	和解（2件）	
		撤回（1件）	
		逾6個月告訴期限（0件）	
		被告死亡（0件）	
	無罪	（1件）	
臺中地方法院 （20件）	罰金（6件）（新台幣）	2,000元	10,000元
	拘役（6件）（日數）	10日	40日
	不受理 （8件）	和解（1件）	
		撤回（7件）	
		逾6個月告訴期限（0件）	
		被告死亡（0件）	
	無罪	（0件）	

法院	刑（種類、件數）		最低刑度	最高刑度
彰化地方法院 （15 件）	罰金（8 件）（新台幣）		3,000 元	90,000 元
	拘役（2 件）（日數）		10 日	20 日
	不受理 （5 件）	和解（5 件）		
		撤回（0 件）		
		逾 6 個月告訴期限（0 件）		
		被告死亡（0 件）		
	無罪	（0 件）		
南投地方法院 （15 件）	罰金（8 件）（新台幣）		2,000 元	8,000 元
	拘役（2 件）（日數）		10 日	20 日
	不受理 （3 件）	和解（3 件）		
		撤回（0 件）		
		逾 6 個月告訴期限（0 件）		
		被告死亡（0 件）		
	無罪	（2 件）		
雲林地方法院 （15 件）	罰金（4 件）（新台幣）		1,500 元	7,000 元
	拘役（6 件）（日數）		15 日	20 日
	不受理 （4 件）	和解（2 件）		
		撤回（2 件）		
		逾 6 個月告訴期限（0 件）		
		被告死亡（0 件）		
	無罪	（1 件）		
嘉義地方法院 （15 件）	罰金（4 件）（新台幣）		2,000 元	6,000 元
	拘役（5 件）（日數）		15 日	40 日
	不受理 （6 件）	和解（2 件）		
		撤回（4 件）		
		逾 6 個月告訴期限（0 件）		
		被告死亡（0 件）		
	無罪	（0 件）		
臺南地方法院 （15 件）	罰金（9 件）（新台幣）		2,000 元	8,000 元
	拘役（2 件）（日數）		10 日	10 日
	不受理 （1 件）	和解（1 件）		
		撤回（0 件）		
		逾 6 個月告訴期限（0 件）		
		被告死亡（0 件）		
	無罪	（3 件）		
高雄地方法院 （15 件）	罰金（3 件）（新台幣）		2,000 元	6,000 元
	拘役（6 件）（日數）		10 日	50 日
	不受理 （6 件）	和解（3 件）		
		撤回（2 件）		
		逾 6 個月告訴期限（0 件）		
		被告死亡（1 件）		
	無罪	（0 件）		

法院	刑（種類、件數）	最低刑度	最高刑度
橋頭地方法院 （15 件）	罰金（3 件）（新台幣）	2,000 元	8,000 元
	拘役（4 件）（日數）	20 日	30 日
	不受理 （7 件）	和解（1 件）	
		撤回（6 件）	
		逾 6 個月告訴期限（0 件）	
		被告死亡（0 件）	
	無罪	（1 件）	
花蓮地方法院 （15 件）	罰金（5 件）（新台幣）	2,000 元	4,000 元
	拘役（5 件）（日數）	10 日	90 日
	不受理 （4 件）	和解（1 件）	
		撤回（3 件）	
		逾 6 個月告訴期限（0 件）	
		被告死亡（0 件）	
	無罪	（1 件）	
臺東地方法院 （15 件）	罰金（5 件）（新台幣）	2,000 元	6,000 元
	拘役（3 件）（日數）	10 日	35 日
	不受理 （7 件）	和解（5 件）	
		撤回（2 件）	
		逾 6 個月告訴期限（0 件）	
		被告死亡（0 件）	
	無罪	（0 件）	
屏東地方法院 （15 件）	罰金（6 件）（新台幣）	5,000 元	8,000 元
	拘役（6 件）（日數）	10 日	30 日
	不受理 （3 件）	和解（2 件）	
		撤回（1 件）	
		逾 6 個月告訴期限（0 件）	
		被告死亡（0 件）	
	無罪	（0 件）	
澎湖地方法院 （3 件）	罰金（0 件）（新台幣）	0 元	0 元
	拘役（0 件）（日數）	0 日	0 日
	不受理 （2 件）	和解（2 件）	
		撤回（0 件）	
		逾 6 個月告訴期限（0 件）	
		被告死亡（0 件）	
	無罪	（1 件）	

法院	刑（種類、件數）	最低刑度	最高刑度
金門地方法院 （3件）	罰金（1件）（新台幣）	5,000元	5,000元
	拘役（0件）（日數）	0日	0日
	不受理 （2件）	和解（1件）	
		撤回（1件）	
		逾6個月告訴期限（0件）	
		被告死亡（0件）	
	無罪	（0件）	
連江地方法院 （0件）	罰金（0件）（新台幣）	0元	0元
	拘役（0件）（日數）	0日	0日
	不受理 （0件）	和解（0件）	
		撤回（0件）	
		逾6個月告訴期限（0件）	
		被告死亡（0件）	
	無罪	（0件）	

資料來源：司法院裁判書網路查詢系統106年12月1日以「公然侮辱罪」查詢，表格本研究整理。

表 3-5　各地方法院公然侮辱罪科刑審酌被告行為時之量刑參考因素一覽表

量刑參考因素	科刑
被告犯罪後之有與被害人無達成和解，且得到被害人之原諒（撤回告訴）	不受理判決
被告犯罪後之有與被害人無達成和解，但未得到被害人之原諒（撤回告訴）	易科罰金3仟元
以被告犯罪之動機、犯罪時所受之刺激、生活、工作、家庭、經濟狀況、被告與被害人間之關係及違反義務之程度	易科罰金新台幣1仟元至9萬元
以被告犯罪有無前案紀錄、知識程度、被告犯罪後之態度（有無意與被害人無達成和解）、犯罪後致被害人所生危害或損害較大	拘役15日至90日

資料來源：本研究整理。

表 3-6　各地方法院公然侮辱刑事判決比率表

判決樣本總案件數 366 件			
不 受 理 案 件 數	已和解撤回案件數		56 件
	不明原因撤回案件數		62 件
	被告死亡		3 件
	逾告訴期限		1 件
	總計 122 件		
實際受理判決案件數 244 件			
刑	件數	百分比	理由
罰金	139 件	56.9%	1. 被告犯罪後之有與被害人達成和解，但未得到被害人撤回告訴。 2. 被告犯罪後坦承犯行。 3. 犯罪時動機、目的、手段、情節、所受之刺激、生活、工作、家庭、經濟等狀況。 4. 被告與告訴人間之關係。 5. 侵害告訴人名譽法益之程度。
拘役	89 件	36.4%	1. 以被告犯罪有前案紀錄（累犯）、知識教育程度。 2. 被告犯罪後未能坦承犯行。 3. 犯罪後無意與被害人無達成和解。 4. 犯罪時手段（例如：以網路社群或犯意個別在不同時間多次辱罵並配合肢體語言等方式分論併罰） 5. 犯罪後致告訴人所生危害或損害較大。
無罪	16 件	0.66%	1. 公然侮辱構成要件不符。 2. 公然侮辱證據不足。 3. 具備刑法 311 條阻卻違法不罰事由。

資料來源：本研究整理。

　　以 21 個法院採樣 366 件公然侮辱刑事判決研究發現，法院在判決時雖依刑法第 57 條審酌行為人責任為基礎，作為科刑輕重之表準，首為審酌被告有無與被害人無達成和解且得到被害人之原諒（撤回告訴）法院均多以不受理判決，又以被告被告犯罪之動機、犯罪時所受之刺激、生活、工作、家庭、經濟狀況、被告與被害人間之關係及侵害告訴人名譽法益之程度，作為易科罰金之準繩。再以被告犯罪犯意、有無前案紀錄（累犯）、知識程度（教育程度）、手段、犯罪後有無坦承犯行與被害人有無達成和解，以作為拘役之標準。最後以是否具備刑法 311 條阻卻違法不罰事由，以作為無罪判定之標準。

表 3-7　各地方法院刑事無罪理由表

編號	法院	裁判文號	辱罵內容	
1	臺北地方法院	107 年度易字第 46 號	被告以「穿黑衣服就是黑道」之用語,辱罵告訴人	
2	臺北地方法院	107 年度易字第 164 號	被告以「神經病」之粗鄙用語,辱罵告訴人	

無罪理由	本文意見
告訴人持有經報導涉嫌組織等犯罪之薛○○名片到場，屢經嚴詞拒絕並要求離去私人營業場所，不要再打擾仍未果，而稱呼「黑道」等語，顯係對於告訴人前開手段表達意見。綜合上開被告發表言論之上下文、發言場合、發言目的、被告個人經驗觀察，本案被告所言「穿黑衣服就是黑道」等語，係基於告訴人之前開行為陳述意見，而難認其評論目的係為攻擊告訴人而有公然侮辱犯意，雖然其前開用語致使告訴人感到不快，仍不應以公然侮辱之刑責相繩。揆諸首開說明，本院自應為被告無罪之諭知。	法院認為被告以「穿黑衣服就是黑道」言語之舉為評論，而非在於無端謾罵、攻擊告訴人，依刑法第311條第3款之規定，對於可受公評之事，而為適當之評論者及刑事訴訟法第301條第1項不能證明被告犯罪或其行為不罰者應諭知無罪之判決。因此，實務上仍將刑法第311條之規定，用於刑法第309條不罰之事由，來限縮刑法第309條處罰之範圍。
告訴人不顧被告站在斑馬線上仍在執行指揮交通中，執意當面質問之情，是被告所辯告訴人之舉讓伊分心無法專心執行勤務等語，應可採信，就一般人之理解，可認被告係對告訴人為上開言語之舉為評論，而非在於無端謾罵、攻擊告訴人個人；雖「神經病」一詞隱含負面評價之意，惟於社會人際互動中仍非少見，且依當時雙方相互爭執，言詞交鋒之情境，客觀上實不足以令人有貶低告訴人人格或地位評價之可能，依前開說明，被告對告訴人稱「神經病」該語，係針對告訴人之行為，並非針對告訴人人格，故被告主觀上並無以言語否定告訴人人格之故意，即不具備刑法第309條公然侮辱罪之主觀故意構成要件，尚難以該罪相繩，依首揭說明，依法應為被告無罪之諭知。	是被告所辯告訴人之舉讓伊分心無法專心執行勤務等語，應可採信，就一般人之理解，可認被告係對告訴人為上開言語之舉為評論，而非在於無端謾罵、攻擊告訴人個人，被告對告訴人稱「神經病」該語，係針對告訴人之行為，並非針對告訴人人格，故被告主觀上並無以言語否定告訴人人格之故意，很顯然法院是以刑法第311條第3款之規定來限縮解釋刑法第309條第1項構成要件之違法性。

編號	法院	裁判文號	辱罵內容	
3	新北地方法院	107 年度易字第 180 號	被告於網路遊戲之遊戲等候之全體聊天頻道上，張貼「拔辣團就是廢物團」、「上季整季跟掛爬」「狗＊的廢物」等文字，公然辱罵名稱為「拔辣浸勒卡燙」，致生損害「拔辣浸勒卡燙」戰隊全體成員之名譽	
4	宜蘭地方法院	105 年度易緝字第 13 號	被告以「比中指」之行為，侮辱告訴人	
5	基隆地方法院	106 年度易字第 528 號	被告林〇〇以「有的人就是頭腦不好」、「白癡」等不堪言詞，及被告陳〇〇以「好像女人」、「白癡」、「娘娘腔」、「沒帶LP」、被告劉〇〇以「怪洨」等不堪言詞，共同出言辱罵告訴人	
6	桃園地方法院	105 年度易字第 1134 號	被告以「X 你娘、笨笨、憨憨（臺語）」等語辱罵告訴人。	
7	苗栗地方法院	105 年度易字第 434 號	被告因停車問題與告訴人發生爭執，被告黃〇〇以「X 你老母」之穢語辱罵告訴人周〇〇。	

無罪理由	本文意見
「拔辣浸勒卡燙」遊戲戰隊之參與人人數確非固定，而屬於隨時變動之狀態，已難認係由特定人或可得特定特定人所組成。自難據此認識「拔辣浸勒卡燙」戰隊參與人之個人資料，難認被告於主觀上有使「拔辣浸勒卡燙」戰隊參與人在真實社會生活中之人格評價受貶損之故意。在一般玩家均不知之該戰隊參與人之真實身分之情形下，實難認「拔辣浸勒卡燙」戰隊參與人之名譽有何受損之情。自應為無罪之諭知。	本案並無具體侮辱對象，即與刑法第 309 條第 1 項之構成要件不符，法院應依刑事訴訟法第 301 條第 1 項前段，為無罪之判決。
經勘驗監視錄影光碟被告有以其右手朝坐在靠螢幕上方之人比劃，但無法看清楚手指頭動作，故難以認定被告係比中指。依刑事訴訟制度「倘有懷疑，即從被告之利益為解釋」、「被告應被推定為無罪」之原則，即難為被告不利之認定。依首開說明，自應為被告無罪之諭知。	本案因違反刑法第 309 條第 1 項之證據不足，法院應依刑事訴訟法第 301 條第 1 項前段，為無罪之判決。
告訴人未經被告劉○○之同意主動靠近，並將鏡頭持續對被告劉○○進行拍攝，侵犯劉○○之隱私權，被告劉○○所稱「怪洨」即便係在指涉告訴人，也是在評價告訴人異於常人的行為，「洨」這個字並非精液的意思，應是角色的意思，其用辭並未污辱告訴人。被告林○○、陳○○部分：該 2 人只是在互相對話，並未指涉特定人，且告訴人也自承當天會同農業局人員前來處理一事，與被告林○○、陳○○ 2 人無關，但告訴人卻未得被告林○○、陳○○之同意，主動對他們攝影，並經異議後仍持續攝影，侵犯被告林○○、陳○○之隱私權，因此縱被告林○○、陳○○的對話是在指涉告訴人，也是對告訴人侵犯隱私權行為之評價，主觀上並無侮辱意圖。自應對被告 3 人均為無罪之諭知。	本案被告的對話是在指涉告訴人，也是對告訴人侵犯隱私權行為之評價，主觀上並無侮辱意圖。依刑法第 311 條第 1 款因自衛、自辯或保護合法之利益者及同條第 3 款，法院應為無罪之諭知。
按告訴人、證人之陳述有部分前後不符，或相互間有所歧異時，究竟何者為可採，法院仍得本其自由心證予以斟酌，非謂一有不符或矛盾，即應認其全部均為不可採信；尤其關於行為動機、手段及結果等之細節方面，告訴人之指陳，難免故予誇大，證人之證言，有時亦有予渲染之可能；然其基本事實之陳述，若果與真實性無礙時，則仍非不得予以採信。是本案既不能證明被告之犯罪，自應為無罪之諭知，以昭審慎。	本案因違反刑法第 309 條第 1 項之證據不足，法院應依刑事訴訟法第 301 條第 1 項前段，為無罪之判決。
是告訴人指訴被告出言辱罵之內容究為「X 你娘」或「X 你老母」，前後指述已有不一；況證人周○○英亦於警詢中證述：伊沒有聽到被告出言辱罵伊女兒等語，且於偵訊中證述：伊女兒聽到爭吵就出去，伊才跟著出門等語，是證人周○○英見告訴人出門後，旋隨後查看，亦未聽聞被告有何辱罵告訴人之舉，是證人即告訴人周○○前開指訴，是否屬實，尚有疑義。本院在得依或應依職權調查證據之範圍內，復查無任何積極證據足資證明被告涉有公然侮辱之犯行，既不能證明被告犯罪，依法應為被告無罪之諭知。	本案因違反刑法第 309 條第 1 項之證據不足，法院應依刑事訴訟法第 301 條第 1 項前段，為無罪之判決。

編號	法院	裁判文號	辱罵內容	
8	南投地方法院	107 年度易字第 29 號	被告許○○利用電子設備連結網際網路，以暱稱「許○○」登入朱○○之臉書網頁，針對告訴人張○○之回文接續公開刊登：「白痴」、「既蠢又無知」、「圓仔花嘸知自己醜」、「喜歡四處去跑跳現丑」、「蠢蛋」等語，貶損告訴人之名譽。	
9	南投地方法院	106 年度易字第 133 號	被告辱罵告訴人「神經病」及「歇斯底里」3 次	

無罪理由	本文意見
是告訴人於證人朱〇〇於臉書上刊登「【民報】【專文】文章下，就文章表達與該篇不同意見之留言，故與證人朱〇〇持相同政治立場之被告予以反擊。而言論自由為一種「表達的自由」，表達本身應予最大程度之保障，而個人之評論意見，本隨各人之價值觀而有不同看法，無一定之判斷標準，只要遵循法律及就事論事原則，以所認為之事實為依據，加以論證是非，可為正面評價，亦可為負面評價，依各人的自由意志選擇，做道德上的非難或讚揚，均無不可，縱被告為系爭留言，雖有過於激烈而有失允當之情，甚而使告訴人感到不快，然審究被告留言之內容，並非就具體事實指摘告訴人亦非以妨害告訴人之名譽為唯一之目的，而係針對告訴人所屬政治立場之留言為抽象之負面評價，核屬針對特定事項，依個人價值判斷所提出之主觀意見、評論或批判，乃個人主觀評價之表現，無所謂真實與否，應屬「意見表達」之言論範疇。被告留言並非針對告訴人，且系爭留言在社會通念上已非專用於攻訐、謾罵之用語。主觀上，也難認系爭留言係本於貶低告訴人人格、社會地位評價之意圖依法自應諭知無罪之判決。	依據刑法第 311 條第 3 款之規定，對於可受公評之事，而為適當之評論者，不罰。
就所謂「神經病」，雖係指因神經系統發生病變，以致精神狀態或身體動作發生不協調的疾病；罵人精神不正常，舉止不合常理之意；「歇斯底里」係指一種常見的精神疾病。為英語 hysteria 的音譯。此病是由潛意識中思想感情的矛盾衝突所引起的心理疾病，經由轉化作用表現於身體上，而產生嘔吐、吃驚、抽搐、麻木等機能障礙。也譯作「歇私的里亞」、「歇斯底理」、「歇斯德里」、「歇斯的里」、「歇斯的里亞」、「協識脫離」。又用以形容情緒激動、舉止失常。然因使用情境或語調不同，亦有不同之意涵，如於日常生活中，「神經病」一詞亦用於表達對他人行為感到莫名其妙、不知所云之反應，「歇斯底里」一詞在過去雖為精神疾病之名稱，然現今多用於形容人情緒激動，舉止有失常態，固屬較情緒激動更為強烈之字眼，然尚非到達有侮辱、貶損他人人格之意。被告陪同劉〇〇商談退夥及物品如何分配歸還等事宜，因處理上開退夥事宜有所爭執，脫口而出上開言語，藉以表達對告訴人之言行感到莫名其妙、不知所云，認為告訴人之情緒過於激動等意，被告所為上開言語或有過於激烈而有失允當，或足使告訴人感到不快，從實質上判斷，主要係不滿告訴人就其於協商退夥條款時，其情緒過於激動，始脫口說出之不雅言語，究非出於毫無依據之謾罵、嘲笑或其他表示足以貶損他人評價之意思，縱告訴人聽聞之後主觀上或有不悅，客觀上亦難認有何減損或貶抑告訴人在社會上客觀存在之人格或地位，難謂客觀上已影響告訴人之人格評價自不得遽以公然侮辱罪相繩。即應為被告此部分無罪之諭知。	法院認為依被告犯罪時所受之刺激致情緒激動，舉止有失常態，固屬較情緒激動更為強烈之字眼，然尚非到達有侮辱、貶損他人人格之意，與刑法 309 條第 1 項構成要件不符應為無罪判決。

編號	法院	裁判文號	辱罵內容	
10	雲林地方法院	105 年度易字第 628 號	被告廖○○以「不理你咧，幹你娘，婊子」「你真的有病等語，辱罵告訴人。	
11	臺南地方法院	106 年度易字第 1869 號	被告涂○○以「恁娘 XX」接續辱罵 8 次告訴人陳○○、簡○○等 2 人，又接續以「恁娘 XX」4 次、「X 你娘」1 次，辱罵陳○○、簡○○、張○○、吳○○、何○○等 5 人。	

無罪理由	本文意見
告訴人提出之監視器錄影檔案，經本院當庭勘驗的結果，被告講「才不理你咧」，後面的言語經過放大音量反覆聆聽，都還是聽不清楚在講什麼，無從證明被告有對告訴人講「幹你娘，婊子」。至於監視器的翻拍畫面，只有顯示被告坐在住家騎樓內，也無法證明被告有何侮辱告訴人的言語。被告站在告訴人家門前說：「（聽不清楚）有病，我現在是要跟你講（聽不清楚）」，接著告訴人馬上回稱：「你說我有病，你這樣變公然侮辱」，被告又說：「我現在是要跟你講…」，告訴人不讓被告解釋就說：「沒有，沒有，我沒有要跟你說，你今天是踏入我家的地」，但是被告始終都是站在告訴人住處大門外面的馬路上，沒有進入告訴人的住處門內等情，也無法證明被告有何侮辱告訴人的言語或故意。被告是否確於上開時間、地點有以何言語侮辱告訴人，容有合理懷疑，檢察官所舉之證據與指出之證明方法尚不足使本院形成被告有罪之確信，依罪疑惟輕之證據法則，本院應為被告有利之認定，對被告諭知無罪。	本案因違反刑法第309條第1項之證據不足，法院應依刑事訴訟法第301條第1項前段，為無罪之判決。
縱行為人所為已傷及被害人主觀上之情感，惟客觀上對於被害人之客觀評價並無影響時，仍非屬本罪所規範處罰之範圍。又刑罰係對人民最嚴峻之處罰，可剝奪人民之生命、身體、自由、財產，自不宜輕易為之，故學理上有所謂「刑法的最後手段性」、「刑法的謙抑性格」之說。且刑法係適用於一般大眾，而不僅是適用於「高雅的上流階級」，判斷語言、文字使用的妥當性，是否構成侮辱罪，應依一般人的使用習慣為準，否則一般人常用之俗俚之語，用以應答，卻被繩之以刑罰，恐一般人民動輒得咎，實有違「刑法的最後手段性」。另公然侮辱罪中所謂「侮辱」，係指直接對人罵罵、嘲笑或其他表示足以貶損他人評價之意思。至其是否屬足以貶損他人評價之侮辱行為，應參酌行為人之動機、目的、智識程度、慣用之語言、當時所受之刺激、所為之用語、語氣、內容及連接之前後文句統觀之，非得以擷取隻言片語而斷章取義。倘行為人僅係基於一時氣憤所為粗俗不雅或不適當之言語，非意在侮辱，且對他人在社會上人格之評價並未產生減損者，即難遽以公然侮辱罪相繩。被告未顧及他人感受，因情緒控管不佳而為上開粗鄙之言詞，固為不當，然綜觀被告前後語意，被告辯稱該等言詞並無公然侮辱之犯意，非無可採，自難僅以被告有前揭言詞，遽指其有公然侮辱之犯行。此外，復無其他積極證據足以證明被告確有檢察官所指犯行，而使法院不致有所懷疑，而得確信其為真實之程度，揆諸首揭法條及判例意旨，本件既不能證明被告犯罪，依法自應為被告無罪之諭知。	本案法院以被告未顧及他人感受，因情緒控管不佳而為接續辱罵告訴人8次，固為不當，然綜觀被告前後語意，被告辯稱該等言詞並無公然侮辱之犯意，非無可採，自難僅以被告有前揭言詞，遽指其有公然侮辱之犯行，竟本案判決無罪。顯然承審法院基於刑罰謙抑性及最後手段性，避免司法機關以刑法規範箝制人與人之間溝通模式，淪為語言淨化的訓詁學機關，給予被告無罪之判決。

編號	法院	裁判文號	辱罵內容	
12	臺南地方法院	105 年度易字第 1231 號	被告鄭○○因民事請求終止租賃契約而與趙○○起糾紛，在臺灣臺南地方法院第二調解室，以臺語「垃圾」等語辱罵趙○○。	
13	臺南地方法院	105 年度易字第 1253 號	被告陳○○與賴○○係共同經營石虎小學堂之臉書，陳○○，在個人臉書專頁上留言貼文：「偷別人東西拿去比賽得名，真的很無恥」等文字，足以損害高○○、林○○、陳○○、卜○○之名譽，嗣經高○○等人之家長於網路上發覺始悉上情。因認被告涉犯刑法第 309 條第 1 項之公然侮辱罪嫌。	
14	橋頭地方法院	106 年度易字第 291 號	被告林○○偕其妻與其兄廖○○、程○○談論債務問題因不滿遭程○○插嘴，竟以「你他媽你…幹你的…我肏你媽的…他媽的…賤貨」等侮辱言詞辱罵程○○。	

無罪理由	本文意見
調解室即屬僅特定少數人得以進入之場所；即使值勤法警即證人等人於巡察、值勤時聽聞該調解室有爭吵而進入該處，惟人數僅數名，並非須經過相當時間始能分辨人數；或難以計數之特定多數人。揆諸上開說明，被告並非在不特定人得共見共聞之公共場所或公眾得出入之場所為之，亦非在特定多數人得共見共聞之狀態下所為，不符合「公然」之定義，與刑法第 309 條第 1 項公然侮辱罪之構成要件有間。此外，復查無其他積極證據，足資證明被告上開行為有使不特定人或多數人共見共聞之情形。本件既不能證明被告犯罪，依法自應為無罪之諭知。被害人因辱罵精神上受損部分，應另循民事程序為之。	
被告於分享女友賴○○未被事先告知即被掠奪原創致感覺不受尊重之貼文，及一併分享上揭新聞媒體報導後，始在個人臉書專頁發表系爭貼文之過程以觀，足見被告係因客觀上告訴人等未徵得石虎圖案原創者賴○○同意之具體事實，主觀上認告訴人侵害著作權，故以客觀上原創者賴○○之貼文為基礎，並對此不尊重原創者行為之具體事實表達意見，已非抽象的公然謾罵或嘲弄，自難認該當刑法第 309 條公然侮辱罪之要件，告訴人等因從網路上下載由賴○○所創作之石虎圖案，致衍生著作權相關問題，已非純屬私德之個人事務，而屬針對與公眾利益有關之事項表達意見，應屬善意發表之言論，按刑法第 310 條第 3 項「真實不罰」及第 311 條「合理評論」等規定，及依司法院大法官會議 89 年釋字第 509 號解釋所創設合理查證義務之憲法基準，以限定刑罰權之範圍。本院自應為被告無罪之諭知。	本案法院認為不尊重原創者行為之具體事實表達意見，已非抽象的公然謾罵或嘲弄，自難認該當刑法第 309 條公然侮辱罪之要件。「侮辱」是以抽象空泛未指有具體之事實的謾罵或嘲弄，然而罵人「無恥」應為「抽象」之謾罵，怎麼會是「非抽象」的謾罵或嘲弄呢？法院是以刑法第 310 條第 3 項「真實不罰」及第 311 條「合理評論」等規定，及依司法院大法官會議釋字第 509 號判決被告無罪。
然本案發生時點為系爭餐廳休息時間，用餐顧客倘仍執意入內用餐，當應先經詢問，經被告同意後始得入內，非屬可供他人自由進出之公開場所，且一般情況下，若系爭餐廳內並無發生特殊情事，過往路人亦無駐足往內探視或仔細聆聽店內聲音抑或知曉受辱罵之人為何之可能，公訴意旨所指尚難採為對被告不利之認定，自應為被告無罪之諭知。	與刑法第 309 條第 1 項公然侮辱罪之構成要件上「公然」之不特定人或多數人得以共見或共聞之狀況不符，應判決無罪。

編號	法院	裁判文號	辱罵內容	
15	花蓮地方法院	106 年度易字第 443 號	被告甲○○以「不要臉」一詞當眾辱罵告訴人丙○○。	
16	澎湖地方法院	105 年度易字第 18 號	被告乙○○在網路遊戲「英雄聯盟」網路遊戲之聊天室內,以「幹你娘機掰你家死人是不是阿」等語辱罵告訴人。	

資料來源:司法院裁判書網路查詢系統 107 年 2 月 10 日以「公然侮辱罪」查詢,表格本研究整理。

無罪理由	本文意見
被告與告訴人於案發當時雙方處於爭吵、彼此不斷有言語衝突，本院審酌一般社會通念及經驗、論理法則，考量：被告陳稱「不要臉」等語並未存有歧視性差別對待，而屬雙方爭吵時之情緒性用語；依前開實務見解，縱被告所為已傷及告訴人主觀上之情感，惟客觀上對於告訴人之人格評價並無影響時，或可為民事侵權行為損害賠償之主張，但不得遽以刑法公然侮辱罪加以論處；人與人之間的言談互動，彼此言談間是應謙恭有禮抑或粗鄙地口出惡言，此乃個人自我人格形象之展現，並非以刑罰規範所能有效地規制之對象，基於刑罰謙抑性及最後手段性，避免司法機關以刑法規範箝制人與人之間溝通模式，淪為語言淨化的訓詁學機關。是以，本院認為被告對告訴人說「不要臉」等語是否已該當前開實務見解所要求「侮辱」係指「最粗鄙之語言」、是否符合前揭學理要求公然侮辱罪之「侮辱」需存有「階級、性別、出身背景」之歧視性差別對待而達侵害告訴人之「普遍性社會名譽」等節，檢察官舉證未達毫無合理懷疑之確信程度，從而，被告所為言論既非以損害告訴人之名譽為唯一目的，而係與告訴人爭吵時所為之情緒性用語，縱其所為評價用語致使告訴人感到不快，究屬個人修為評價，或違序之行政不法行為，尚與純粹以攻訐告訴人人身為目的所為毫無意義的辱罵有別，難認其有公然侮辱之真實惡意存在（見臺灣高等法院臺中分院105年度上易字第1342號判決意旨）；並且，本院認為人與人彼此間於爭執之中所表示的情緒性用語，不特定人若見聞此情境，依生活經驗及智識水準亦能認知乃因嫌隙一時相爭、勢如水火而致口不擇言，仍得基於對事實之認知而加以判斷，客觀上難認告訴人之社會上人格評價有因而受貶損之虞，自不能遽入被告於罪。	被告與告訴人於案發當時雙方處於爭吵、被告陳稱「不要臉」等語，而屬雙方爭吵時之情緒性用語。依刑法第311條第1款因自衛、自辯或保護合法之利益者，法院應為無罪之諭知。
在網路虛擬世界中行為人以某代號代表其自己本身，再以該代號之名義使用文字公然侮辱另一代號時，並無法單純由此某一代號而特定或可得特定某人，因此自與刑法公然侮辱罪所要保護之個人名譽意旨不相適合。被告所為上開侮辱性陳述亦未指出對方現實生活中姓名或綽號，或該網站上有任何關於受侮辱者之年齡、性別、職業、住址、電話或是留有影相，抑或有可連結至個人網站、部落格之網址之情況，亦即無法藉由網路上一切資訊而足以特定或可得特定實際上被告所為侮辱性陳述之對向即為告訴人，且並無法使特定之多數人或不特定之人知悉被告所侮辱之對象即為告訴人，是被告上開所為實已溢脫前述刑法上公然侮辱罪之構成要件，在未另有明確之法律規範時，依罪刑法定原則及刑法謙抑原則，當不宜貿然將刑法過度擴張解釋，而將該行為含括在刑罰處罰之列，從而本件因告訴人之社會評價及人格尊嚴，在客觀上難認有因此受特定多數人或不特定多數人予以貶抑之可能，則被告縱有公訴意旨所稱對告訴人網路遊戲名稱確有以不當言詞為侮辱之情形，尚難遽以刑法公然侮辱罪名相繩。本院復查無其他積極之事證，足認被告所為確實該當刑法公然侮辱罪之犯罪構成要件，應認被告之犯罪尚屬不能證明，而應為被告無罪判決之諭知。	本案並無具體侮辱對象，即與刑法第309條第1項之構成要件不符，法院應依刑事訴訟法第301條第1項前段，為無罪之判決。

刑法有關妨害名譽不罰之規定，第 310 條第 2 項「對於所誹謗之事，能證明其為真實者，不罰。但涉於私德而與公共利益無關者，不在此限。」第 311 條以善意發表言論之不罰事項是否適用於刑法 309 條第 1 項？

由以上地方法院之刑事判決所做出之 16 個無罪判決中研究發現，其中公然侮辱構成要件不符者有 6 件，證據不足有 4 件，因第 311 條以善意發表言論，之不罰事項者有 6 件。由此可證法院在涉及侵害他人名譽之言論，可包括事實陳述與意見表達，前者具有可證明性，後者則係行為人表示自己之見解或立場，無所謂真實與否。刑法雖就誹謗罪設有處罰規定，惟該法第 310 條第 3 項規定「對於所誹謗之事，能證明其為真實者，不罰。但涉於私德而與公共利益無關者，不在此限」；同法第 311 條第 3 款規定，以善意發表言論，對於可受公評之事，而為適當之評論者，亦在不罰之列刑法第 309 條公然侮辱仍然適用。然而法院在判斷行為人是否為「善意」的評論，則係在審查表達意見人是否針對與公眾利益有關之事項表達意見或作評論，如其動機非以毀損被評論人之名譽為主要之目的，即可認其評論為善意。

第四節　小結

以上研究，得知目前犯罪行為人就公然侮辱仍以言語辱罵方式 257 件為最多，以網路社群方式侮辱 88 件次之，以肢體、動作方式亦有 16 件，以數字方式侮辱有 3 件，以影射方式侮辱則僅有 2 件。由以上統計研究發現，司法判決雖按侮辱次數處罰，但在各地方法院法官就公然侮辱在判決罰金與拘役日數也並不一致，且以罰金為多拘役為寡。

另研究發現，法院在判決時，首為審酌被告有無與被害人無達成和解且得到被害人之原諒（撤回告訴）法院均多以不受理判決，又以被告被告犯罪之動機、犯罪時所受之刺激、生活、工作、家庭、經濟狀況、被告與被害人間之關係及侵害告訴人名譽法益之程度，作為易科罰金之準繩。

再以被告犯罪犯意、有無前案紀錄（累犯）、知識程度（教育程度）、手段、

犯罪後有無坦承犯行與被害人有無達成和解，以作為拘役之標準。最後法院在做無罪判定時，依第 310 條第 3 項規定「對於所誹謗之事，能證明其為真實者，不罰。但涉於私德而與公共利益無關者，不在此限」；同法第 311 條第 3 款規定，以善意發表言論，對於可受公評之事，而為適當之評論者，作為刑法第 309 條公然侮辱無罪判決之標準。

第四章　公然侮辱侵權行為民事判決研究

第一節　公然侮辱侵權行為民事法律問題研討

一、名譽權之回復原狀方法

依我國民法第 195 條規定:「不法侵害他人之身體、健康、名譽、自由、信用、隱私、貞操,抑或不法侵害其他人格法益而情節重大者,被害人雖非財產上之損害,亦得請求賠償相當之金額。其名譽被侵害者,並得請求回復名譽之適當處分。」名譽受侵害者,其得請求金錢賠償,依民法第 195 條第 1 項後段之規定外,並得請求為回復名譽之適當處分。至於此體系上,乃屬非財產上損害賠償之回復原狀,且此回復名譽之請求權,並具有專屬性,依民法第 195 條第 2 項前段之規定,乃不得讓與或繼承。至於回復名譽之適當處分為何?我民法並未具體規定,故只能委諸當事人主張及法院斟酌以為裁判。依釋字第 656 號意指:「民法第 195 條第 1 項後段規定:『其名譽被侵害者,並得請求回復名譽之適當處分。』所謂回復名譽之適當處分,如屬以判決命加害人公開道歉,而未涉及加害人自我羞辱等損及人性尊嚴之情事者,即未違背憲法第 23 條比例原則,而不牴觸憲法對不表意自由之保障。」此即表示,民法第 195 條第 1 項後段由法院為回復名譽之適當處分,為合憲。換句話說,何者係為回復名譽之適當處分,係一不確定之法律概念,本即有賴法官評價相關事實與證據之後所為的價值判斷,並無一定之定見。

(一) 以道歉之方式

此即被告向原告承認錯誤,並請求原諒之意思表示。惟其目的,不在強制被告悔悟,而在回復原告名譽,故縱被告毫無認錯求恕之意思,法院仍得令其向原告道歉。至於道歉方式分為如下數種:口頭道歉(刑事訴訟法第 253 條第 2 項第 1 款)、書面悔改之表示(刑事訴訟法第 253 條第 2 項第 2 款)、公開之道歉啟事:即所謂之「謝罪廣告」,如將道歉之表示,張貼於公共場所,登載於報章或寄發謝罪函予

關係人等。上述以謝罪廣告最為有效，蓋妨害名譽係對第三人傳達須為不實之訊息，故除去此種妨害狀態，亦以對第三人或世人傳達更正虛偽內容之訊息，使能達到回復名譽之目的。被害人請求加害人為謝罪廣告時，法院應斟酌被害人所受損害是否現尚存在，以及被害人名譽可否經由謝罪廣告予以回復等各種情形決定之，並非所有名譽侵害者，均得請求謝罪廣告。例如侵害名譽已歷相當時日，若為謝罪廣告，除重新喚起世人記憶外，別無作用，或損害甚為輕微或加害人已為更正啟事或被害人清白已被報導而為眾所皆知者，即無準予謝罪廣告之必要。法院為謝罪廣告之處分，應依被害人請求為之（民法第 195 條第 1 項）。蓋被害人有時不欲其被侵害名譽之事實，再為他人所知，例如未滿 16 歲女子被姦淫因而名譽受侵害，被害人及父母均不欲公開者，法院自不得以職權命加害人為謝罪廣告也。又如被害人僅請求為謝罪廣告，而法院認為不宜為謝罪廣告者，亦不得命為金錢賠償，否則依民事訴訟法第 388 條，為訴外之裁判。謝罪廣告內容，不得增加。但如果改為較溫和文句，則無不可。

（二）以請求更正與反駁之方法

　　言論自由為民主國家憲法所保障（憲法第 11 條）。惟現代大眾傳播之言論報導自由，常與個人人格法益衝突。而難免侵害個人名譽與信用，甚至侵害公共利益。故各國立法例，除刑法有妨害名譽及損害信用之規定外，對於被報導之利害關係人，許其請求登載更正啟事或登載辯駁文書，學說稱之反駁權。

　　故因大眾傳播媒體之錯誤報導，以致名譽被侵害者，得不經由訴訟，請求更正或登載辯駁書以回復名譽。若傳播媒體不為更正，或已更正而與登載事項涉入之人或機關，要求更正或登載辯駁書之內容不符，被害人得向主管機關檢舉，經查明屬實者，主管官署得予以警告。（廣播電視法第 42 條第 2 項、有線廣播電視法第 64 條第 6 款、衛星廣播電視法第 35 條第 4 款）。至於新聞雜誌報導侵害個人名譽或信用，我國民法第 195 條第 1 項後段規定：「被害人得請求為回復名譽之適當處分」。觀察外國法解釋，如法國立法例規定，被害人亦得請求法院判決命新聞雜誌強制更正或登載辯駁書，解釋上亦應准許我國當事人得以訴訟請求法院強制新聞紙或雜誌登載。

　　行使反駁權，並不限於名譽被侵害，凡廣播、電視、新聞紙或雜誌涉及之人或機關，祈要其主觀上認為報導內容與事實不符合，即得請求更正、答辯或登載辯駁

書。除有違反法令之情形外，廣播、電視、新聞紙或雜誌均有無償更正義務
，並且不得以其報導並無錯誤為理由，拒絕更正、答覆或登載。

（三）其他方法

除上述方法外，我國民間尚流行，由雙方親友或知名人士陪同，陪同被告登門
致歉，或燃放鞭炮、設宴請酒、唱戲致意等，以表示被害人補償之誠意，及增添被
害人之顏面等。此雖於司法實務上罕有採納，然當事人間自行採用，更表現對名譽
之重視。

實務見解認為，不道歉則有侵害名譽權之故意。例如原告於 87 年 6 月 6 日發
表聲明並要求被告自立晚報刊登，以正視聽。但被告卻置之不理，顯然違反出版法
第 15 條規定之義務：「新聞紙或雜誌登載事項，涉及之人或機關要求更正或登載辯
駁書，在日刊之新聞紙，應於接到要求後 3 日內更正，或刊登載辯駁書。」，被告
具有明顯惡意。

（四）金錢賠償

我國民法於民國 88 年間增訂第 213 條第 3 項得以金錢賠償代回復原狀之規定
後，最高法院 91 年度第 9 次民事庭會議決議及認為：「民法第 213 條增訂第 3 項，
依同法債編施行法第 12 條規定有溯及效力，本則判例與增訂民法第 213 條第 3 項
規定之意旨不符，應予廢止。」因而廢止了最高法院 60 年台上字第 3051 號判例：「損
害賠償之方法，已回復原狀為原則，金錢賠償為例外，故損害發生之後，如有回復
原狀之可能，受害人請求加害人賠償，應先請求為原狀之回復，倘非法律另有規定
或契約另有訂定，不得逕行請求金錢賠償。」之見解。但實務判決中，大多認為「負
損害之賠償責任者，除法律另有規定或契約另訂定外，應回復他方損害發生前之原
狀」，仍沿用「我國民法損害賠償之方法，以回復原狀為原則，金錢賠償為例外」
等詞語，從而透露出實務仍未放棄以回復原狀為原則金錢賠償為例外之損害賠償方
法，僅是民法第 213 條第 3 項增訂後，回復原狀之方法多了給付金錢之方式。學者
對於民法第 213 條第 3 項增訂後，對於損害賠償方法所採之見解，亦如前述實務見
解一般，多數學者見解仍秉持我國以回復原狀為原則金錢賠償為例外之損害賠償方

法之見解。[35]

二、名譽權受侵害賠償方法之爭議

　　名譽權受侵害，因而發生財產上損害，例如無故毀損受雇人名譽，至被受僱人被雇用人解雇，喪失應得工資及支出謀求新職所需費用者，被害人得依民法第 184條第 1 項一般侵權行為之規定，請求損害賠償。所謂之財產上損害，只因妨害名譽之行為，所造成之一切實質上、經濟上之損失。不論為「積極損害」或「

　　消極損害」，均得請求賠償；如因被嘲弄而生氣病倒，其所支付之醫藥費，請人照顧而增加之開銷，及因無法工作而減少之收入等，均得請求被告為賠償。至其賠償方法，應適用民法第 213 條、第 214 條、第 215 條之規定。[36] 至於慰撫金之數額是否應予定型（額）化，則有正反二說。

（一）支持肯定慰撫金採定型（額）化之理由

　　慰撫金之計算，由於人身損害之特殊性，其範圍抽象、主觀，有時更無法回復原狀，且慰撫金係為賠償精神上所感受到之痛苦而產生，精神上之痛苦無形又抽象，實無法以金錢衡量評估，再言每個人對於精神上痛苦之感受力不同，也隨著所處環境、社會地位有所差異，實難訂出具體之損害賠償基準。人命與身體不具交換價值，正因其無價，因此如欲以金錢賠償，則所謂適當之賠償額，應非基於計算，而係出自於社會評價所獲得，足見認定之困難。

　　再說，由於一般理性人民之非財產上損害屬於主觀感受，很難以一個統一之尺度去測量，所以容易造成同一個案件，由不同法院審理出不同之結果，甚至使被害人漫天開價，盲目地使用慰撫金制度。在本研究蒐集判決資料過程中，赫然發現交通事故之訴訟案件，占有損害賠償訴訟六成之多，如能將賠償額予以一定程度定型化、定額化，勢必對於案件處理進度有所助益。並可減輕被害人舉證責任之負擔，排除法官之專擅與影響訴訟過程之偶發因素，更有助於防止當事人因訴訟技巧之優劣而左右賠償額之可能。

---

35 參照黃天儀碩士論文，名譽權及信用權於損害賠償制度之研究 - 以我國近十年來判決為中心第 103-107 頁。

36 參照黃天儀，前揭碩士論文 108-109 頁。

　　基於人格權平等之前提，對於相同之損害發生案件，自不因有過度差異之賠償額，亦得收有避免斲傷司法公信力之反射效果。日本學者西原道雄即提出「死傷損害說」，認為生命或身體本身應視為一個非財產上損害，而給予一致性、定額化之賠償額。該說主要針對實務上有關人參侵害之賠償案件，僅重視財產上損害之賠償，而將慰撫金當作補充或調整損害之機制之固有概念做出抨擊。慰撫金制度絕非僅對財產產生保護，而應係對於人類本身之保護，站在人類價值均為平等之立場，死傷損害說主張應以死傷之事實本身，作為損害，而賠償額則是課以加害人應予賠償所創造之結果，因此對於人身受侵害之損害賠償數額，應採取定額化之方式。[37]

　　法官，非萬能之神，不應因個人專擅，使賠償額產生過度差異，且此舉亦對司法公信力有一定斲傷，被害人或其家屬無法事先評估可能得賠償額也就罷了，如因法官個人問題致生賠償額差異甚大的話，被害人無法獲得適當賠償額以填補所受損害，抑或是獲得超過損害之賠償額，全繫於個人運氣，絕非損害賠償制度之本意。由於法官個人主觀意識、價值觀介入判決在所難免，未免發生慰撫金數額算定不平衡之現象發生，[38] 德國、日本紛紛提出慰撫金定額化（表格化）之概念，即依一定標準算定慰撫金數額，慰撫金定額化（表格化），除對於慰撫金客觀化有所作用外，固可減少爭論，對於當事人進行私底下和解意有所幫助。如能將賠償額予以定額化、定型化，一旦發生損害賠償案件，能夠獲得或給付多少賠償額，均能做好心理準備，當能防止被害人借此獅子大開口、敲加害人竹槓，而加害人也無從規避賠償責任。非財產之損害賠償，難以金錢評價，且因被害人之主觀因素，其所受精神上痛苦亦難劃一處理。基於以上幾點理由，似有將相同類型之損害賠償案件對其賠償額為一定程度之定額化與定型化之必要。[39]

　　實務上核定慰撫金數額尚無一訂標準，法院應就下列項目調查斟酌俾利算定適當之慰撫金數額：一、加害人與被害人或其父母、子女、配偶之身分地位、家庭狀況、社會關係、年齡、性別、婚姻狀況、學經歷、職業、健康狀態、生活態度。二、損害發生原因、損害情形及其他相關事項、加害人故意過失、加害人事後態度。三、被害人平均餘命年數、勞動年數、有無接受加害人金錢、接受金額多少、災害補償

---

37 參照陳聰富，人生侵害之損害概念，國立台灣大學法論叢第 35 卷第 1 期，第 56 頁。

38 參照王澤鑑，慰撫金，民法學說與判例研究第二冊，作者自行出版，1996 年 10 月第 284 頁。

39 參照鄧學人，交通事故損害賠償之定型化與個別性之研究，法學叢刊第 162 期，第 61 頁。

金額有無給付等等。[40] 徵諸以上法院所應調查斟酌之項目，可得而知算定慰撫金數額之方法過於繁瑣，因而主張慰撫金加以定型化與定額化之必要。

因交通事故致生損害之訴訟類型占損害賠償訴訟類型之大宗，且交通事故發生之案件數量節節上升、未見趨緩，因此法院如對於同類型之交通事故判決，判決不同數額之慰撫金，被害人自無法信服，且即易遭致輿論抨擊，故若能有一套較為客觀之計算方法，當事人間無論係透過法院和解或裁判，較易能預測到賠償金額，藉此底定當事人間之損害賠償數額算定方法，私下和解與經法院裁判所能獲得之金額亦能大致相同，或稍能減輕法院訴訟案件多如牛毛之沉重壓力。

（二）反對慰撫金採定型（額）化之理由：

基於「人格權平等」之論點肯定慰撫金定型化、定額化之必要，但僅基於「平等」即主張劃一之賠償，對於尊重傳統損害賠償理論之法官可能無法接受再者慰撫金係針對非財產上之損害所為之賠償，爭點應置於「非財產上損害」之範圍究有多大，該範圍又因個人感受不同而有所差異，強以齊頭式之平等反而是一種不合理之平等。

生命、身體之價值係經由評價而創設出來，故適當之賠償額係發現而來，非計算而得。自然人之精神利益在本質上不可能等同於任何之物與金錢，固非財產上損害不似財產損害得以金錢計算之，法律上亦難規定鉅細靡遺之賠償標準，是以，人為地對慰撫金以法律規定統一之限額標準，在理論上不僅不科學，施行上亦有其難度。[41]

肯定慰撫金定型化、定額化之理論本身並未提出具體之賠償基準，如真要運用在實務判決上，如何得出所謂合理之賠償額，將成為實務處理上之一大困難。又一旦賠償數額計算定型化、定額化，對於各項目以一個公式計算，則慰撫金之計算將較不具彈性，如此一來，本具有調節功能之慰撫金將喪失該項功能，對於被害人與加害人間之平衡或生影響，容有檢討空間。

慰撫金之功能在於填補損害及慰撫被害人精神上或肉體上之痛苦，須就具體個案，審酌一切算定標準，將所有可能情事均考量在內，慰撫金制度之目的始得實現，

---

[40] 參照黃謙恩，慰撫金的定型化與定額化 - 現階段損害賠償的研究，律師通訊第 167 期第 15-16 頁

[41] 參照禹紅櫻，淺議精神損害賠償金的確定原則，長沙電力學院學報（社會科學版）第 17 卷第 2 期第 34 頁。

故固定不變之慰撫金定額化制度，似不足取。不妨策進個即法院適時公布判決，判決理由並能詳述算定慰撫金所考量之一切情事，必能逐漸形成類型化，在某種程度上，亦算是促進慰撫金客觀化之過程。

　　將慰撫金數額予以定型化、定額化之主要構想在於，將抽象、主觀意識很強之非財產上損害，盡可能轉化為具體、客觀之標準，目的並非在慰撫金數額必須完全統一，而係為提供一「相對客觀」之標準。不但要注意到整體之一般性、確實性，又能同時兼顧到個體之具體性、妥當性，如此對於解決問題方始有實質助益。適用定型（額）化理論，最主要之立論基礎在於如何使同種類事件之當事人間，不論係加害人或被害人，均能獲得公平均衡之裁判，也就是所謂的「平等」，但此處所言之平等並非意指統一賠償額之齊頭式平等，而係在說明不能因為慰撫金數額之賠償，而使被害人不當獲利；同種類之侵害事件，加害人卻因被害人身分、經濟能力之不同而賠償差距甚大之慰撫金等情形。[42]

第二節　公然侮辱侵權行為民事司法判決

　　本研究是藉由分析法院民事公然侮辱事件判決，找尋出法官判決賠償金額審酌之因素。為達此目的，本文透過司法院裁判書查詢系統，以「公然侮辱」進入各地方法院作為民事裁判全文檢索，但因時間及人力限制，本文將無關公然侮辱之判決，如毀謗或全案僅出現公然侮辱罪而其餘均不相關之判決等去除後，僅取得民國 105-107 年間檢索出的各地方法院有關「公然侮辱」84 件民事判決樣本（如彙整表）

---

42 參照陳瑩，97 年 8 月碩士論文民事損害賠償法上慰撫金數額算定標準之研究第 108-112 頁。

表 4-1　公然侮辱民事 105-107 近 3 年採樣樣本數彙整表

編號	各地方法院	公然侮辱罪民事判決樣本數
1	台北地方法院	7(件)
2	士林地方法院	5(件)
3	新北地方法院	7(件)
4	宜蘭地方法院	2(件)
5	基隆地方法院	6(件)
6	桃園地方法院	6(件)
7	新竹地方法院	6(件)
8	苗栗地方法院	5(件)
9	台中地方法院	6(件)
10	彰化地方法院	1(件)
11	南投地方法院	2(件)
12	雲林地方法院	3(件)
12	嘉義地方法院	6(件)
13	台南地方法院	6(件)
14	橋頭地方法院	4(件)
15	高雄地方法院	5(件)
16	花蓮地方法院	2(件)
17	台東地方法院	0(件)
18	屏東地方法院	4(件)
19	澎湖地方法院	0(件)
20	金門地方法院	1(件)
21	連江地方法院	0(件)
	合計	84(件)

資料來源：本研究整理。

表 4-2　各地方法院民事公然侮辱行為辱罵內容損害賠償判決賠償金額

法院	辱罵用詞	賠償金額（元）
臺北地方法院	「老王八」	5000
	「不要臉」	6000
	以社群網站方式辱罵「賤女人」、「白癡」、「小孬孬」	6 萬
	以社群網站方式辱罵「畜生」、「王八蛋」、「幹」	3 萬
	「渾蛋」、「潑婦」、「神經病」	2 萬及社區公布欄張貼道歉啟示 1 日
士林地方法院	「X 你娘操 XX」	3 萬
	以社群網站方式辱罵「下三濫」、「炮友」、「無恥老女人」、「你他媽的快去給鬼＊」	10 萬
	「超你媽的」	3 萬
	以社群網站方式辱罵「X 她媽 XX」、「X 你娘」、「破麻」	5 萬
	以社群網站方式辱罵「X 你娘、你三小」	2 萬
新北地方法院	「X 你娘的 XX」	3 萬
	「瘋婆」	1 萬
	「偷拿東西不是小偷是什麼」、「不要臉」	1 萬 5710
	「幹你娘的機掰」2 次	6000
宜蘭地方法院	「你是啞巴嗎？」、「你媽沒生嘴巴給你嗎？」、「頭戴頂烏龜比較適合」	2 萬
	以社群網站方式辱罵「38 查某」、「你娘臭芝麻」、「垃圾」、「38」、「了然捏」、「下賤」、「之歪」、「北港香爐眾人插」	20 萬
基隆地方法院	「白目」、「畜生」	1 萬
	「沒有私德」、「無恥」、「不要臉」、「基本人品有問題」	6 萬
	「垃圾」	1 萬 5000
	「垃圾」2 次、「乞丐趕廟公」	8000
	以社群網站方式辱罵「臭婊子」	6 萬

法院	辱罵用詞	賠償金額（元）
桃園地方法院	以社群網站方式辱罵「爛人」	2 萬及公司公布欄張貼道歉啟示 7 日
	「你不是人」、「你可惡」、「禽獸」、「壁雕」、「幹」	2 萬
	「王八蛋」、「你算什麼東西」、「妳放屁」、「你矮布拉機」、「你做人太缺德」、「你就機八」、「你缺德很重」	2 萬
	「你這個混帳東西」	2 萬
	以肢體、動作方式朝原告「比中指」、「手指在靠近頭部位置搖晃」	1 萬
	以社群網站方式辱罵「性無能」	3 萬
新竹地方法院	「無恥」	5000
	「雜碎」	5 萬
	「他媽的」、「林老師哩」、「你滾開」	5000
	以影射方式表示辱罵「你一個女人嫁一個男人就夠了還要嫁三個男人嗎？」、「至少我沒有亂搞邪淫還跟三個男人」	1 萬
	以社群網站方式辱罵「幹」、「你他媽的」、「再賤一點」、「人渣」、「操」	5 萬
	以社群網站以諧音方式辱罵「污沛蟑」、「龜兒子」	5 萬
苗栗地方法院	「白癡」以肢體、動作方式朝原告「比中指」	3000
	以社群網站方式辱罵「瘋子」、「白癡」、「賤人」、「去吃藥了」、「你做假奶去給客人捏破」	2 萬
	以社群網站方式辱罵「豬來了朋友圈」、「你去洪 X」	2 萬
	「X 你娘」2 次、「他媽的」4 次、「幹沙小」、「你什麼咖小」、「沙小」、「幹」、「大尾喔」	1 萬
	「瘋女人」	2 萬
臺中地方法院	「不要臉」2 次、「垃圾」、「邋塌」	1000
	以社群網站方式辱罵「你神經病」、「你神經病喔」	1 萬
	「不要臉」2 次、「不要臉醜女人」2 次	1 萬
	「神經病」、「垃圾」、「王八蛋」、以肢體、動作方式朝原告「比中指」	3 萬
	「流氓」3 次	2 萬
	「X 你老娘 GY」	1 萬 5000

法院	辱罵用詞	賠償金額（元）
彰化地方法院	「老女人」、「瘋女人」、「不要臉」	3 萬
南投地方法院	「律師喔你這個算是下三流的」	5 萬
雲林地方法院	以社群網站方式辱罵「死人妖」、「死人妖」、「死人妖」、「狗母」	3 萬
	「不要臉」、「X 你娘」、「爛鳥種」、「玻璃心」、「下衰郎」、「要斷種了」	1 萬
	「吃得白白胖胖的好嫁不然那隻會爛掉」、「你娘咧」、「賽你娘」、「你不見笑」、「你的水雞會爛掉」、「雞掰」、「XX 要人 X」、「破雞」、「臭 XX」、「爛 XX」、「這隻爛鳥」	5 萬 5000
	「X 你娘」	1 萬
嘉義地方法院	「毋成囝」、「卸世卸眾」	3 萬
	「X 你娘」、「垃圾」、「婊子」、「噁心」、「你家死人」、「你沒好下場」	2 萬及社區 D 棟電梯內張貼道歉啟示 30 日
	以社群網站方式辱罵「人渣」	2 萬
	「消婆」2 次	3 萬
台南地方法院	「X 你娘」、「雞巴勒」、「X 你老母」	4000
	以社群網站方式辱罵「可恥」、「垃圾」、「詐欺」、「騙子」	6 萬
	以社群網站方式辱罵「豬同學」	8000
	「死客家人」、「瘋女人」2 次	1 萬
	以社群網站方式辱罵「雞八李」	3 萬
	「耍表」、「耍流氓」	1 萬
橋頭地方法院	「X 你娘 XX」、「賽你娘」	1 萬
	「X 你娘超 XX」、「你是什麼東西」	1 萬
	「你娘老 XX」、「你娘超 XX」、「X 你娘」	5000
	「騙仙阿」、「手腳不乾淨」、「垃圾」	1000

法院	辱罵用詞	賠償金額（元）
高雄地方法院	「你娘」「雞歪」「破麻」	1 萬 5000
	「龜兒子」	6000 公告欄張貼道歉啟示 3 日
	「消查某」	1 萬
花蓮地方法院	以肢體、動作方式朝原告「吐口水」2 次、「X 你娘」、「敗類」	5 萬
	以社群網站方式辱罵「機車」、「白目」、「心被狗叼走」	3 萬
台東地方法院	0	0
屏東地方法院	「你又在瘋什麼」、「ㄟ洪幹」、「瘋女人」	3 萬 5000
	「討客兄」多次、「破麻」多次	3 萬
	「瘋子」、「瘋了」、「奧貨」2 次	1 萬
	以社群網站方式辱罵「丟臉」、「嚇西嚇正」、「塞你娘」、「這對狗男女」、「畜生」、又以數字方式表示辱罵「2486」（指你是芭樂不守信用意思）	2 萬
	辱生「這種沒父沒母的」	2 萬
澎湖地方法院	0	0
金門地方法院	「笨蛋」、「神經病」、「瘋子」、「你腦經有問題」、「你白癡喔」	6000

資料來源：司法院裁判書網路查詢系統 107 年 2 月 20 日以「公然侮辱」查詢，表格本研究整理。

　　本節研究發現，司法判決公然侮辱侵權行為損害賠償金額時，以不雅言語謾罵次數及雙方當事人家庭因素作為賠償金額之準繩，橋頭地方法院謾罵 4 次賠償金額 1,000 元，同樣橋頭地方法院同樣謾罵 4 次賠償金額 5,000 元，基隆地方法院同樣謾罵 4 次賠償金額 6,000 元，顯然各地方法院的法官就公然侮辱侵權行為之損害賠償判決金額並不一致。

第三節　公然侮辱侵權行為民事判決之趨勢

表 4-3　各地方法院依據民法第 195 條酌定非財產上損害賠償金額判決之比較

法院	105-107 年採樣件數	最低賠償金額（元）	最高賠償金額（元）	駁回（件）
臺北地方法院	7(件)	5000	6 萬	2
士林地方法院	5(件)	2 萬	10 萬	0
新北地方法院	7(件)	6000	3 萬	3
宜蘭地方法院	2(件)	2 萬	20 萬	0
基隆地方法院	6(件)	8000	6 萬	1
桃園地方法院	6(件)	1 萬	3 萬	0
新竹地方法院	6(件)	5000	5 萬	0
苗栗地方法院	5(件)	3000	2 萬	0
臺中地方法院	6(件)	1000	3 萬	0
彰化地方法院	1(件)	3 萬	3 萬	0
南投地方法院	2(件)	5 萬	5 萬	1
雲林地方法院	3(件)	1 萬	5 萬 5000	0
嘉義地方法院	6(件)	1 萬	3 萬	1
台南地方法院	6(件)	4000	6 萬	0
高雄地方法院	4(件)	6000 及張貼道歉啟示 3 日	1 萬 5000	2
橋頭地方法院	5(件)	5000	1 萬	0
花蓮地方法院	2(件)	3 萬	5 萬	0
台東地方法院	0(件)	0	0	0
屏東地方法院	4(件)	1 萬	3 萬 5000	0
澎湖地方法院	0(件)	0	0	0
金門地方法院	1(件)	6000	6000	0
連江地方法院	0(件)	0	0	0

資料來源：本研究整理。

　　法院依民法第 18 條、第 184 條、第 195 條第 1 項酌定非財產上損害賠償金額按慰藉金之賠償須以人格權遭遇侵害，使精神上受有痛苦為必要，其核給之標準固與財產上損害之計算不同，然非不可斟酌雙方身分資力與加害程度，及其他各種情形核定相當之數額，[43]且所謂「相當」，應以實際加害情形與其影響是否重大及被害人之身分、地位與加害人之經濟情況等關係定之[44]。

　　經採樣各地方法院自 105 至 107 年間公然侮辱侵害名譽損害賠償宣判之民事訴訟一審判決總計 84 件，統計分析被害人及加害人之身分、地位及經濟狀況等因素，對於法院酌定非財產上損害賠償金額之影響程度。研究發現法院民事庭在酌定非財產上損害賠償金額時仍依刑法第 57 條審酌後再以被害人及加害人之身分、地位及經濟狀況酌定非財產上損害賠償金額。

表 4-4　法院酌定影響非財產上損害賠償金額之參考因素一覽表

參考因素	金額
被害人有財產大學畢業（土地、房屋、近 2 年內年度所得 0）	6000 元
加害人有財產（土地、房屋、股票）	
被害人有財產（土地、房屋、田賦、投資、近 2 年內年度所得 0）	6 萬
加害人有財產（汽車、月收入 3-4 萬）	
被害人有財產（房屋、利息、薪資）	2 萬
加害人無業有財產（房屋、土地、近 2 年內年度所得 0）	
被害人（年度所得 400 萬）	3 萬
加害人（月收入 10 萬）	
被害人有財產（土地、房屋、投資）申報財產總額 999 萬 4050 元	10 萬
加害人有財產（汽車、近 2 年內無申報所得）	
被害人有財產（汽車、無存款）	20 萬
加害人有財產無業（汽車、土地、近 2 年內年度所得 0）	
被害人有財產（不動產、投資、近 1 年內年度所得 84 萬）	6 萬
加害人無財產無業（近 2 年內年度所得 0）	

資料來源：本研究整理。

　　上述 84 件判決中，有 10 件係駁回之案件，因較為特殊，故列表評論。

---

[43] 參照最高法院，47 年台上字第 1221 號判例意旨。

[44] 參照最高法院，51 年台上字第 223 號判例、86 年度台上字第 3537 號判決意旨。

表 4-5　各地方法院民事駁回公然侮辱 10 件判決詳情表

台北地方法院

編號	判決字號	主文	事　　實	
1	107 年度訴字第 162 號	原告之訴駁回。	被告向○○以「你媽的屄」，被告張○○以「你是大陸妹生的」等語，公然辱罵原告，足以貶低原告之社會評價，已侵害原告之名譽，致原告精神深感痛苦，原告自得依民法第 184 條、第 185 條、第 195 條等規定向被告請求損害賠償等語。並聲明：被告應給付原告 30 萬元。	
2	105 年度訴字第 5286 號	原告之訴駁回。	原告主張：系爭事實（一）被告為臺北市○○區○○路○○ 段○○號微風○○大廈之保全人員，竟於民國 103 年 3 月 30 日上午 10 時 19 分許，在公眾得以共見共聞之微風○○大廈 1 樓大廳，以「吃到好死了（臺語）」等 語公然辱罵原告。系爭事實（二）於 103 年 4 月 20 日下午 4 時 5 分許，在微風○○大廈 1 樓門口騎樓處，以「丟臉」、「沒水準」、「被判刑還講」等語公然辱罵原告。系爭事實（三）於 103 年 11 月 5 日上午 9 時 6 分許，在微風○○大廈 1 樓大廳，以「瘋子（臺語）」等語公然辱罵被告上開公然侮辱原告之行為，足以貶抑原告之人格尊嚴及社會評價，已侵害原告之名譽。	

理　　由	本 文 意 見
被告實係因不滿原告持續跟追並質問、批評，始脫口而出「你媽的屄」，應為發洩其情緒之用語，上開言論縱嫌粗俗無禮，仍難遽認被告向○○有侮辱原告之故意。被告張○○係認為原告質疑其為中國籍配偶身分（即俗稱「大陸妹」），方出言具有大陸地區背景（即俗稱「外省人」）之原告：「你媽媽不是大陸妹嗎？你還是大陸妹生的」、「你還是大陸妹生的，你知道嗎？」等語，則被告張○○上開言論應係在質疑原告自己亦為大陸地區人士所生，為何卻還稱伊為「大陸妹」，實難認被告張玲有何侮辱原告之意思。	法院認為依被告被告向○○被告實係因不滿原告持續跟追並質問、批評，始脫口而出「你媽的屄」，應為發洩其情緒之用語，難遽認被告向○○有侮辱原告之故意。依刑法311條第1款之規定不罰。被告張○○以「你是大陸妹生的」等語，應係在質疑原告自己亦為大陸地區人士所生，為何卻還稱伊為「大陸妹」，實難認被告張玲有何侮辱原告之意思。依刑法311條第3款之規定不罰。既無侮辱即無侵權原告即無法依民法第184條、第185條、第195條等規定向被告二人請求損害賠償。
系爭事實（一）所謂「吃到好死了（臺語）」，係指「吃到可以死了」，即吃了那麼久，長那麼大，都這麼老了，通常係用在表達年紀已長卻還如此行事；且衡酌一般臺語用字遣詞，本多較直白、通俗化。以「到好死了（臺語）」即以「吃到可以死」來表達已經年紀已長，則已難認該詞彙係侮辱性之用語，而貶損原告於社會上客觀存在之人格、地位。系爭事實（二）當時，被告應是就原告又對其攝影感到不滿，故指述原告亂照，並且被告認原告有比中指行為，故指摘其行為係「丟臉」、「沒水準」。則被告其主觀上既是針對其認為原告有比中指，其所言「丟臉」、「沒水準」，應係對該行為為其主觀之意見表達及批判言論，尚非意在藉由上開文字，貶損原告於社會上客觀存在之人格、地位。且「丟臉」係指出醜、失面子，「沒水準」係指缺乏一般之水平，通常係用在評論他人之行為。參酌一般社會通念經驗，上開詞語純偏向負面用語，但亦屬日常生活之常見用語，亦難認因此對原告之人格及名譽產生重大損害。就系爭事實（三），依原告所提出之光碟檔案，兩造於103年4月20日下午4時5分許之對話內容為：「原告：你有本事就繼續罵啊。你有本事就繼續罵啊。男性（徐之聲音）：瘋子（臺語）」。原告直接以「你有本事就繼續罵啊」為起頭，本院亦無從衡酌兩造究竟在何種客觀情狀、狀況下而發生上開之錄影內容，從而認定被告是否有侮辱原告之行為。是就此部分原告既未能舉證，要難認定被告有侵害原告名譽之行為。	本案系爭事實（一）乃被告意見之表達。系爭事實（二）乃被告對原告攝影行為為其主觀之意見表達及批判言論。系爭事實（三）原告僅憑錄影內容，未能舉證侮辱事實，法院無法認定被告有侵害原告名譽之行為，原告即無法依民法第184條、第195條等規定向被告請求損害賠償。

新北地方法院

編號	判決字號	主 文	事　實	
1	107 年度重訴字第 10 號	原告之訴及其假執行之聲請均駁回。訴訟費用由原告負擔。	伊與同案被告王○○為姑姪關係，緣王之祖母即王○雲之母劉○○於民國 104 年間，因入住基隆市私立博愛仁愛之家等安養機構，其等因王○○要求伊應負擔劉○○之部分扶養費用等糾紛細故，雙方進而有爭執嫌隙。詎料，王○○竟於劉○○因生病轉至長庚醫院住院急救治療期間之 105 年 3 月 24 日晚間 11 時 57 分許，利用網際網路設備，上網連結網路 FACEBOOK 社群網站後，以暱稱「ANDEE WANG」在其可供不特定人共見共聞之個人臉書網頁之留言板上，張貼發表 1 張貌似臀部放大便之巧克力造型蛋糕形狀之不雅照片，並在該照片旁張貼回應發表：「來啊～餵雲吃屎」等內容文字辱罵伊，足以貶損伊之人格，而妨害伊名譽原告就王系爭妨害名譽侵權行為訴請損害賠償部分，由本院另行審結），王因系爭妨害名譽犯行，業經臺灣新北地方檢察署檢察官聲請簡易判決處刑，並經本院 106 年度簡字第 22 號、106 年度簡上字第 168 號刑事判決（下分稱系爭刑事一、二審判決，該刑事歷審案件，合稱系爭刑事案件）有罪確定。被告愷、婷、君、榆以同意王就系爭臉書貼文標註渠等姓名之方式，將系爭臉書貼文共同散播於各自臉書頁面，而被告欣、書、信、如、勤等人竟幫忙在系爭臉書貼文按讚散播予各自好友知悉，被告愷、君甚分別在系爭臉書貼文下留言：「拉給她即可」、「神經病啊我～還送給她我浪費錢～ @@"」等語共同侮辱伊，致伊名譽嚴重受損，使伊受有精神上之損害。	
2	107 年度訴字第 705 號	原告之訴及假執行之聲請均駁回。訴訟費用由原告負擔。	被告自 104 年 6 月 14 日起至 105 年 8 月 19 日止係○○營造工程股份有限公司（下稱○○公司）員工，竟基於公然侮辱之犯意，於 105 年 8 月 6 日上午 9 時 51 分許，在桃園市○○區○○路 000 號 7 樓住處，以網際網路登入其臉書網站，以暱稱「Sean Liu」公開發文，辱罵○○公司之司機即原告為「雙性戀的變態者」、「娘泡樣」、「開後庭的 0 號」等語，上開發文已足以貶損原告之社會評價，侵害原告之名譽權。又本件被告經本院以 106 年度易字第 517 號判決認定犯公然侮辱罪。	

理　　　由	本 文 意 見
經查，王〇〇於前揭時、地，張貼系爭臉書貼文公然侮辱原告之犯行，經系爭刑事一、二審判決判處罰金 8 千元（得易服勞役）確定乙節，有系爭刑事一、二審判決可稽（見本院卷第 13 至 18 頁）。細繹系爭刑事一、二審判決全文，並未認定被告與王〇〇為共同加害人，揆諸前揭説明，被告即非刑事訴訟法第 487 條第 1 項所謂「依民法負賠償責任之人」，則原告於系爭刑事二審訴訟程序對被告提起本件附帶民事訴訟，要與刑事訴訟法所定之要件未合，原告雖主張：被告為系爭妨害名譽侵權行為之共同侵權行為人，即為依民法負賠償責任之人，伊自得對被告提起刑事附帶民事訴訟云云，自不足取。又原告對被告提起刑事附帶民事訴訟並不合法，雖經本院刑事庭裁定移送本院，本院應以起訴不合法，裁定駁回原告之訴。又原告之訴既經駁回，其假執行之聲請亦失所附麗，應併予駁回。	因被告王〇〇即非刑事訴訟法第 487 條第 1 項所謂「依民法負賠償責任之人」，原告於系爭刑事二審訴訟程序對被告提起本件附帶民事訴訟，要與刑事訴訟法所定之要件未合，又原告對被告提起刑事附帶民事訴訟並不合法，雖經本院刑事庭裁定移送本院，本院應以起訴不合法，裁定駁回原告之訴。又原告之訴既經駁回，其假執行之聲請亦失所附麗，應併予駁回。
審判決未予詳查被告於於臉書上之發文，是否處於多數人或不特定人均得以共見共聞之狀態，僅以少數特定人之臆測指證，即率爾認定被告犯公然侮罪，顯有未當，且該判決業經臺灣高等法院撤銷，改判被告無罪確定在案。查原告主張被告於 105 年 8 月 6 日上午 9 時 51 分許，在桃園市〇〇區〇〇路 000 號 7 樓住處，以網際網路登入其臉書網站，以暱稱「Sean Liu」公開發文，辱罵原告為「雙性戀的變態者」、「娘泡樣」、「開後庭的 0 號」等語，業已侵害原告之名譽權云云，然觀之該臉書發文內容為「等待沼氣發電廠環評的空檔時期，來到這家公司幫經營者解決土地疑難雜症的時期中，清楚發現這家公司簡直病入膏肓似乎快無可救藥了先説員工的私德，經營者的吳姓男司機竟然是個”雙性戀”的變態者，看他喜歡窩在女性同仁身邊一副娘泡樣，想必是個開後庭的 0 號，而經營者至今仍渾然未覺」（見臺灣新北地方檢察署 106 年度偵字第 4039 號卷，下稱偵查卷，第 5 頁），並未指名該吳姓男司機究係何人，是客觀上尚無從單憑上開發文內容即特定所指涉之人為原告。從而，原告未能舉證證明被告前開發文業已貶損原告之社會評價，侵害原告之名譽權，揆諸上開説明，被告所為自應受言論自由之保障，而非屬不法侵權行為，是以，原告依侵權行為損害賠償之法律關係請求被告賠償其損害，難認有據。本件刑事一。	被告所為自應受言論自由之保障，而非屬不法侵權行為，是以，原告無法依侵權行為損害賠償之法律關係請求被告賠償其損害。

編號	判決字號	主 文	事　　實	
3	106 年度訴字第 3322 號	原告之訴及假執行之聲請均駁回。訴訟費用由原告負擔。	被告基於同業競爭關係，自 105 年 9 月 22 日起至 10 月 8 日止，在短短不到 17 天內，竟陸續於上開二網站上，分別使用暱稱「U2Admin」、「大鳥」之帳戶張貼大量文章，以「騙子行為」、「把世人當呆子欺騙」、「欺騙外行的消費者」、「阿原騙子偽造文書」、「阿原騙子」、「阿原就是騙子暴發戶」、「愛騙人」、「騙子原」、「編子原真的很用心編」、「騙人不打草稿」、「老千」、「騙到了極致」、「人渣」等足以嚴重傷害原告之尊嚴與減損其所創立之○○公司之聲譽與社會評價之用語	

基隆地方法院

編號	判決字號	主 文	事　　實	
1	107 年度訴字第 188 號	原告之訴及假執行之聲請均駁回。訴訟費用由原告負擔。	原告於民國 88 年 6 月 1 日，在基隆市○○區○○路 00 巷 00 弄 00 號 2 樓創立基隆市信義區○○江山 G、H 社區管理委員會，經向上級主管機關基隆市政府信義區公所核准報備成立後獲聘擔任總幹事一職。被告等則均係基隆市信義區深溪路○○江山 H 區社區（下稱系爭社區）之住戶，於 106 年 6 月 25 日 14 時許，在基隆市信義區深溪路○○里民活動中心參與○○江山社區 H 區臨時區分所有權人會議（下稱系爭區分所有權人會議）時，因與原告發生爭執，而以「廢人」等語辱罵原告，足以貶損原告之名譽、人格及社會評價。	

理　　由	本文意見
本件原告為○○工作室股份有限公司（下稱○○公司）之創辦人及負責人，該公司以生產、銷售手工皂聞名；被告則為亦有生產手工皂之祐圖公司負責人等情，已如前述。查○○公司設址於門牌號碼新北市○○區○○路 0 段 00 號之心平安園區，以及門牌號碼新北市金山區下六股 66 之 1 號之金山廠，前於 105 年 9 月 20 日、105 年 9 月 30 日，先後遭新北市政府衛生局、法務部調查局新北市調查處前往稽查及搜索，並查扣肥皂成品、半成品、機具設備及相關作業文書，嗣經臺灣士林地方法院檢察署檢察官偵查後，認上址金山廠並未領有工廠登記證，原告卻仍在該處製造肥皂及在成品上黏貼載有合格工廠號（即阿原公司已歇業之紅樹林廠工廠號）之標籤，而認原告涉有違反化粧品衛生管理條例第 15 條第 1 項、同法第 27 條第 1 項之未領有工廠登記證而製造化粧品、刑法第 216 條、第 215 條之行使業務登載不實文書等罪嫌，曾於 106 年 5 月 15 日對原告為緩起訴處分等情，此有本件系爭刑事妨害名譽案件卷附之聯合新聞網網路新聞列印資料、臺灣士林地方檢察署檢察官 105 年度偵字第 13603、16057 號緩起訴處分書、原告之臺灣高等法院被告前案紀錄表各 1 份在卷可佐（見本院刑事簡上卷第 35 至 36 頁、第 87 至 93 頁）。本件被告於「○○─神奇食用植物消臭論壇」、「○○四海」等網路論壇，刊登如附表一所示之文章，其內容之評論既有相關具體事實依憑，而非全出於虛構捏造，且未逾越合理懷疑之範圍，難認係單純出於非理性之情緒性謾罵等直接貶損原告之社會評價之情事，復衡情被告陳述之內容與動機原因，係基於一般消費者之地位，針對企業經營情形之發表個人意見，符合公共利益之可受公評範圍，並依一般社會經驗法則，有相當理由可信為真實，亦得阻卻被告言論之不法性，揆諸前開規定及說明，即無從論以被告有不法侵害原告之名譽權並致其受有損害，自不能令被告負侵權行為之責，是原告前揭主張，尚不足採，要屬無據。	被告陳述之內容與動機原因，係基於一般消費者之地位，針對企業經營情形之發表個人意見，符合公共利益之可受公評範圍，並依一般社會經驗法則，有相當理由可信為真實，亦得阻卻被告言論之不法性，揆諸前開規定及說明，即無從論以被告有不法侵害原告之名譽權並致其受有損害，自不能令被告負侵權行為之責，是原告前揭主張，尚不足採，要屬無據。

理　　由	本文意見
被告等因對原告公然侮辱行為遭起訴後，兩造曾於 106 年 10 月 2 日在臺灣基隆地方法院檢察署（下稱基隆地檢署）簽立「臺灣基隆地方法院檢察署修復式司法試行方案修復會議協議書」（下稱系爭協議書），原告同意不向被告等要求任何賠償，被告等嗣後亦未再對原告任何批評言論，原告自不得向被告等請求損害賠償。	原業已與刑事庭被告達成和解，原告自不得向被告等請求損害賠償。

南投地方法院

編號	判決字號	主文	事實	
1	106 年度附民字第 97 號	原告之訴駁回。	被告不思克制情緒及理性處理爭執,竟公然以接連粗俗言詞辱罵告訴人,漠視他人之名譽權。	

嘉義地方法院

編號	判決字號	主文	事實	
1	106 年度訴字第 484 號	原告之訴及假執行之聲請均駁回。	兩造同為○○協會第 10 屆理監事會員,並均屬 LINE 群組「第十屆家協理監事」(成員共 35 人)之成員,詎被告蘇○○竟基於公然侮辱之犯意,於民國(下同)106 年 1 月 9 日晚上 7 時 55 分許,在臺北市松山區某餐廳以行動電話連結網路至上揭群組,以「家協有討論,假借家協名義參選的垃圾,魏○○(即原告)嗎?」等語,辱罵原告,足以貶損原告之人格。被告上開公然侮辱犯行,經鈞院 106 年度嘉簡字第 700 號刑事簡易判決判處拘役 35 日,如易科罰金,以新臺幣 1,000 元折算 1 日在案。爰依民法第 184 條、第 195 條第 1 項等侵權行為規定,請求被告在三大報紙(即中國時報、自由時報、聯合報)及在地電視台(即世新新聞台)公開道歉。	

理　　　由	本 文 意 見
原告陳〇〇所提之刑事（公然侮辱）附帶民事訴訟起訴狀，係於民國 106 年 8 月 16 日向本院提出，此有刑事（公然侮辱）附帶民事訴訟起訴狀 1 份及其上蓋有本院收發室收件章 1 枚在卷可參，惟原告所指被告陳〇〇所涉犯妨害名譽之刑事案件，於原告本件附帶民事訴訟提起之日即 106 年 8 月 16 日之前，上開刑事案件尚未繫屬於本院，有本院電話紀錄表 1 份在卷可憑，是原告於 106 年 8 月 16 日提起本件附帶民事訴訟，尚無刑事訴訟程序之存在，其附帶民事訴訟並無刑事訴訟程序得以附著，自不得對被告提起附帶民事訴訟，本件原告對被告提起刑事附帶民事訴訟，自屬不合法，應依刑事訴訟法第 502 條第 1 項規定判決駁回原告之訴。	是原告於 106 年 8 月 16 日提起本件附帶民事訴訟，尚無刑事訴訟程序之存在，其附帶民事訴訟並無刑事訴訟程序得以附著，自不得對被告提起附帶民事訴訟，本件原告對被告提起刑事附帶民事訴訟，自屬不合法，應依刑事訴訟法第 502 條第 1 項規定判決駁回原告之訴。

理　　　由	本 文 意 見
經查，被告於事發後之 106 年 2 月 22 日於上開〇〇協會第 10 屆理監事會員「第十屆家協理監事」LINE 群組中發佈「日前在群組發言，言語措詞激烈，對於家協，家協成員及魏〇〇監事，造成形象受損及內部團結負面影響，在此誠懇深表不是，……」等道歉內容之訊息，有上開 LINE 群組截圖列印資料乙份附於偵查卷中可證。（見臺灣嘉義地方法院檢察署 106 年度交查字第 326 號卷第 12 頁）。本院審酌被告上開貶低原告名譽、人格之行為，係在上開 LINE 群組所為，其所為道歉之文字亦同在上開 LINE 群組發佈，已足以回復被害人即原告之名譽，堪認為回復原告名譽之適當處分。綜上所述，被告已於上開 LINE 群組發佈道歉啟事，已足以回復原告之名譽，為回復原告名譽之適當處分。從而，原告本於侵權行為之法律關係，請求判命被告應在三大報紙（即中國時報、自由時報、聯合報）及在地電視台（即世新電視台）公開道歉，顯非必要，而不應准許。	本院審酌被告上開貶低原告名譽、人格之行為，係在上開 LINE 群組所為，其所為道歉之文字亦同在上開 LINE 群組發佈，已足以回復被害人即原告之名譽。

高雄地方法院

編號	判決字號	主文	事實	
1	105 年度訴字第 1527 號	原告之訴駁回。訴訟費用由原告負擔。	原告主張：伊於民國 103 年 11 月 23 日中午 12 時 30 分許，利用網際網路在國立臺灣大學電子佈告欄系統（下稱 PTT 實業坊）之二手電腦硬體買賣版，以帳號「skymoon」刊登標題為「gt440 ddr5」之文章，徵求型號為 gt440 ddr5 之顯示卡（下稱系爭文章），被告閱覽後，私下以信件與伊洽談顯示卡買賣事宜，嗣因價格未能達成合意，買賣契約並未成立，伊因不欲再收到被告之信件而將之設定為來信黑名單，被告因此心生不滿，竟在伊所刊登之系爭文章下以帳號「dral-nu」留言：「不想買就算了，還寫信酸人＋黑人…真沒品」等語，意指伊人格、品格惡劣，意圖使網友誤認伊為品格極差之人，實屬攻擊性言論，此舉已侵害伊之名譽權，且被告迄今未向伊致歉，不僅造成伊受有精神損害，更令網友對伊產生誤解，是被告應給付伊精神慰撫金新臺幣（下同）3,000 元，並在 PTT 實業坊二手電腦硬體買賣版向伊道歉。	
2	105 年度訴字第 97 號	原告之訴及假執行之聲請均駁回。	原告以其於民國 103 年 2 月 1 日上午 10 時許，在義大醫療財團法人義大醫院 10 樓健保房病房內遭被告言語辱罵，對被告提起公然侮辱告訴，經臺灣高雄地方法院檢察署檢察官以被告涉犯公然侮辱罪嫌提起公訴。於該刑事案件繫屬本院刑事庭後，原告即以被告於上開時、地，以「幹你娘」、「還在水蛙洞（台語，意指女性生殖器）裡就知道要出來賺」「你都是畜牲、全家都是畜牲」、「你外省鬼（指原告配偶）多久沒有給你幹了，你水蛙在癢我知道你很想的…水蛙在癢」、「因為他最近沒水蛙跟你玩嘛所以你很需要」等言語辱罵，而提起附帶民事訴訟。	

資料來源：司法院裁判書網路查詢系統 107 年 3 月 12 日以「公然侮辱」查詢，本研究整理。

理　　由	本文意見
原告前認被告涉犯公然侮辱罪，而對被告提起妨害名譽之刑事告訴，經臺灣高雄地方法院檢察署檢察官以 104 年度偵字第 3541 號為不起訴處分，嗣經臺灣高等法院高雄分院檢察署以 104 年度上聲議字第 1995 號駁回再議聲請而確定。兩造間信件往來內容可知，原告因徵求顯示卡而在 PTT 實業坊二手電腦硬體買賣版張貼系爭文章，被告閱覽後，因有意出售其他品牌、型號之顯示卡而以私人信件回覆原告，兩造經磋商及議價後，因對於價格無法合意而未能交易成功，原告因不欲再收到被告來信而將被告設定為信件黑名單等事實，已可認定。依此，被告於系爭文章下留言「不想買就算了，還寫信酸人＋黑人…真沒品」等語，實係表達兩造議價失敗後，原告以露天拍賣網站之其他產品與被告所欲出售之產品效能、保固期間相較，而有「酸人」之舉，又將其設定為來信黑名單，是所謂之「黑人」，被告因原告上開行為，而評論此為「真沒品」之行為，故被告上開言論實係基於其對於兩造間上開交易議價過程之感受，揆諸前揭說明，其以兩造議價過程之事實為基礎，對此申論其個人之意見、表達自己之評價及主觀上之確信而為夾敘評論之措辭，並非無端恣意以情緒性言論攻擊原告，實難認係出於貶抑原告社會評價之惡意所為，自難認有侵害原告名譽權之情。從而，原告主張被告於系爭文章下留言「不想買就算了，還寫信酸人＋黑人…真沒品」等語，侵害其名譽權，尚難憑採，原告以此請求被告負損害賠償之責，亦屬無據。	故被告上開言論實係基於其對於兩造間上開交易議價過程之感受，揆諸前揭說明，其以兩造議價過程之事實為基礎，對此申論其個人之意見、表達自己之評價及主觀上之確信而為夾敘評論之措辭，並非無端恣意以情緒性言論攻擊原告，實難認係出於貶抑原告社會評價之惡意所為，自難認有侵害原告名譽權之情。
按稱和解者，謂當事人約定，互相讓步，以終止爭執或防止爭執發生之契約；又和解有使當事人所拋棄之權利消滅及使當事人取得和解契約所訂明權利之效力，民法第 736 條、第 737 條分別定有明文。次按和解原由兩造互相讓步而成立，和解之後任何一方所受之不利益均屬其讓步之結果，不能據為撤銷之理由。和解契約合法成立，兩造當事人即均應受該契約之拘束，縱使一造因而受不利益之結果，亦不得事後翻異，更就和解前之法律關係再行主張（最高法院 19 年上字第 1964 號民事判例意旨參照）。兩造曾於 103 年 8 月 20 日簽立系爭和解書，參諸前揭法條及判例意旨，兩造即均應受該和解契約之拘束，縱上所述，原告依侵權行為法律關係，請求被告給付 100 萬元精神慰撫金及自起訴狀繕本送達翌日起至清償日止，按週年利率 5% 計算之利息，為無理由，應予駁回。又原告之訴既經駁回，則其假執行之聲請即失所附麗，應併予駁回。	兩造曾於 103 年 8 月 20 日簽立系爭和解書，參諸前揭法條及判例意旨，兩造即均應受該和解契約之拘束，

　　由各法院判決採樣 84 件公然侮辱民事判決,研究統計出就公然侮辱原告之訴及假執行之聲請均駁回判決共計 10 件。刑法有關妨害名譽不罰之規定,第 310 條第 3 項及第 311 條規定之事項,是否適用於民法 192 條第 1 項?

　　由以上地方法院之民事判決所做出之 10 個駁回判決中研究發現,其中程序不合法者有 2 件,證據不足有 2 件,已和解有 2 件,刊登公開道歉啟事(原告聲明已達目的)有 1 件,因第 311 條以善意發表言論之不罰事項者有 3 件。由此可證法院在涉及侵害他人名譽之言論,仍參照刑法第 310 條第 3 項之規定及第 311 條第 3 款規定,以善意發表言論,對於可受公評之事,而為適當之評論者,仍然適用。

第四節　小結

　　研究發現,公然侮辱侵權行為名譽權之回復原狀方法,不外乎就只有二種,一為回復原狀例如:以道歉之方式或請求更正與反駁之方法、我國民間賠罪方式 …… 等等均是,再為以金錢賠償代回復原狀。

　　我國學者與實務對於損害賠償方法所採之見解一般仍秉持以回復原狀為原則金錢賠償為例外之見解。

　　又司法判決公然侮辱侵權行為損害賠償金額時,以不雅言語謾罵次數及雙方當事人家庭因素作為賠償金額之準繩,橋頭地方法院謾罵 4 次賠償金額 1,000 元,同樣橋頭地方法院同樣謾罵 4 次賠償金額 5,000 元,基隆地方法院同樣謾罵 4 次賠償金額 6,000 元,顯然各地方法院的法官就公然侮辱侵權行為之損害賠償判決金額並不一致。

　　然名譽權受侵害,有關於慰撫金之數額是否應予定型(額)化,則有採定額化與非定額化二說。

(一)支持肯定慰撫金採定型(額)化之理由:

　　實務上核定慰撫金數額尚無一訂標準,研究發現法院民事庭在酌定非財產上損害賠償金額時仍依刑法第 57 條審酌後再以被害人及加害人之身分、地位及經濟狀況酌定非財產上損害賠償金額。故法院在算定慰撫金數額之方法過於繁瑣,亦造成實

務上裁判不一，因而主張慰撫金加以定型化與定額化之必要。

（二）反對慰撫金採定型（額）化之理由：

基於「人格權平等」之論點肯定慰撫金定型化、定額化之必要，若以齊頭式之平等主張劃一之賠償，反而是一種不合理之平等。肯定慰撫金定型化、定額化之理論本身並未提出具體之賠償基準，如真要運用在實務判決上，如何得出所謂合理之賠償額，將成為實務處理上之一大困難。

另由各法院就公然侮辱損害賠償判決駁回，研究發現，其中程序不合法者有 2 件，證據不足有 2 件，已和解有 2 件，刊登公開道歉啟事（原告聲明已達目的）有 1 件，因刑法第 311 條以善意發表言論之不罰事項者有 3 件。由此可證法院在涉及侵害他人名譽之言論，仍適用刑法第 311 條之規定，作為判決駁回之依據。

第五章　公然侮辱罪除罪化可能性

本章為論證公然侮辱罪可以除罪，特以三個章節來敘述，其中包含判決、議案、學說及民調。

第一節　公然侮辱罪與公然侮辱侵權之比較

刑法第 309 條乃以個人名譽為保護法益，而從民法第 194 條 195 條之規定以觀，所謂人格權受侵害者，僅指人格權內容生命、身體、健康、自由、名譽受侵害而言，而一般學說上通說，尚包含民法第 19 條之姓名在內。[45] 由此可得知，刑法與民法上就個人名譽保護刑法採以國家公權力介入，不論被害人名譽有無受實際損害，只要有侮辱之行為即成立本罪，其被害人所受損害則由民法填補被害人之損害與回復原狀，刑法第 309 條與民法適用之關係相形之下並無不妥。刑法第 309 條之立法妥適性刑法第 309 條第 1 項公然侮辱人者，處拘役或三百元以下罰金。第 2 項以強暴犯前項之罪者，處一年以下有期徒刑、拘役或五百元以下罰金

。其立法目的乃以個人名譽為保護法益，我國為重視『表現自由』更明定於憲法第 11 條「人民有言論、講學、著作及出版自由」資為保障。是知表現自由在於運用不當，即有假借表現之名，以達侵害公眾或個人之實，故刑法若規定得當，即足以保障表現自由，復足以保障個人或公眾之權益；如其規定不當，既不能發揮保障個人或公眾權益之功效，反箝制言論，阻礙進步，與民主原則背道而馳。[46] 然因為立法者就「公然」與「侮辱」做了不確定之概括立法，以致公然侮辱在法律適用上，沒有標準及方向讓人民遵循，司法實務執法的不公平性 [47]。以致實務與學說間就何謂公然？何謂侮辱？說髒話罵人算不算是侮辱？做了些補充解釋，以彌補立法對「公然」與「侮辱」的解釋不足。但法律是時與俱進的，民事既已有損害賠償與回復原

---

[45] 參照曾世雄著，非財產上損害賠償第 88 頁 1989 年（曾世雄發行：三民總經銷，初版）。

[46] 參照廖正豪，妨害名譽罪立法之檢討中國比較法學會學報第 1 期 1975 年 12 月第 102 頁。

[47] 參照鄧湘全律師著，失控的 309 第 170 頁（書泉出版社 2014/12/25）。

狀的法律效果，妨害名譽公然侮辱的行為，有必要犯罪化，科以刑罰嗎？刑事立法政策上實有商榷之餘地。[48] 本文透過司法院裁判書查詢系統，以民事簡易案件查詢「公然侮辱罪」，進入台北、台中、高雄地方法院簡易庭，作為民事裁判全文檢索，本文將無關公然侮辱罪之判決等不相關之判決等去除後，僅取得民國 105 年至 107 年間臺北、臺中、高雄地方法院簡易庭有關「公然侮辱罪」民事判決樣本數 30 件（如彙整表），作為有關刑事公然侮辱罪與民事公然侮辱侵權判決比較案例，亦即同一事件經提民事與刑事訴訟者，以了解刑事判被告之罰金與民事判決被告賠償被害人金額之數額比較。

---

[48] 參照林山田著，刑法各罪論上冊修訂第五版第 255 頁（元照出版 2006/11）。

表 5-1　台北、台中、高雄地方法院刑事公然侮辱罪與民事公然侮辱侵權判決比較表

編號	臺北簡易庭民事判決字號	辱罵用詞	
1	107 年度北小字第 2561 號	被告以「看你的 XX 臉，我就很賭爛」一語辱罵原告，對原告之名譽造成極大損害。	
2	107 年度北小字第 2677 號	原告辱罵「垃圾！」等語數次，足以貶損原告之人格評價與社會地位，致原告之名譽受有損害。	
3	107 年度北簡字第 8219 號	被告基於公然侮辱之犯意，以「X 你媽」、「丟臉」、「外省人不夠格」等語，公然辱罵原告	
4	107 年度北簡字第 8250 號	被告基於公然侮辱之犯意，接續以個人公開臉書網頁及 LINE 動態頁面上，張貼「臭婊子」之穢語辱罵原告。	
5	107 年度北小字第 1426 號	被告基於公然侮辱之犯意，對原告比中指，足以損害原告之名譽等情。	
6	106 年度北小字第 2047 號	被告公然侮辱原告你才賤	
7	106 年度北小字第 1399 號	被告公然侮辱原告「衝三小」「幹」「垃圾人」	
8	105 年度北簡字第 14089 號	被告公然侮辱原告「X 你媽」	
9	106 年度北簡字第 5208 號	被告公然侮辱原告「臭俗啦，一個嘴歪眼睛抖，另一個爆肝」	
10	106 年度北小字第 342 號	被告公然侮辱原告「幹，一定要這麼硬就對了」	

民事判賠金額	刑事判決字號與處分
新臺幣壹萬貳仟元	被告公然侮辱業經本院刑事庭以 107 年度簡字第 759 號刑事判決，依公然侮辱罪判處罰金 5,000 元。
新臺幣陸仟元	經本院刑事庭以 107 年度簡字第 721 號刑事判決判處被告犯公然侮辱罪，處罰金 3,000 元，如易服勞役，以 1,000 元折算 1 日。
新臺幣壹萬元	被告業經本院以 107 年度審簡字第 735 號刑事簡易判決認定被告犯公然侮辱罪，處罰金 6,000 元確定
新臺幣參萬元	被告業經本院 107 簡字第 488 號刑事判決被告犯公然侮辱罪，處拘役貳拾日，如易科罰金，以新臺幣 1,000 元折算 1 日，有本院 107 年度簡上字第 488 號刑事判決可稽。
新臺幣參仟伍佰元	被告業經本院 106 年度簡字第 3115 號刑事判決認定屬實，並判決被告犯公然侮辱罪，處罰金 5,000 元，如易服勞役，以 1,000 元折算 1 日確定在案
1 萬元	106 年度審簡字第 589 號被告處罰金 5,000 元
伍仟元	106 年度審簡字第 250 號被告應處罰金新臺幣 5,000 元
壹萬伍仟元	經本院刑事庭以 105 年度審附民字第 587 號裁定本院以 105 年度審簡字第 1344 號判決判處被告犯公然侮辱罪，處罰金 1 萬元
20,000 元	105 年度審簡字第 2289 號刑事判決判處罰金新臺幣 6,000 元
參仟元	本院 105 年度審簡字第 1531 號判處被告拘役 20 日

編號	臺中簡易庭民事判決字號	辱罵用詞	
1	107 年度中小字第 2416 號	被告基於公然侮辱之犯意，在特定多數人可共見聞之公車內，以行動電話撥打電話給統聯客運公司客服人員，其談話內容略為「他有那個控制慾」、「不要在那發瘋」、「建議把司機送到精神科檢查」、「不要像一個白痴一樣」、「他在路上被撞死怎麼辦」、「你們只是附合那個獨裁者，他就是獨裁者」、「這個司機發狂」、「他自己發狂」、「他什麼東西，他今天發瘋了」等語，因聲量過大，且內容有辱罵原告，足以貶損原告之人格尊嚴及社評價。	
2	107 年度中小字第 2347 號	被告基於公然侮辱之犯意，於多數人得共見共聞之該加油站，向原告丟擲水瓶及向其辱稱：「X 你娘 XX（臺語）」等言語，足以貶抑原告社會上評價。	
3	106 年度中小字第 1569 號	被告明知訴外人林 X 傑及原告 2 人為依法執行職務之警員，竟基於侮辱公務員及公然侮辱之犯意，於同日下午 4 時 57 分許，在其上開居處前方之不特定多數人得以共見共聞之道路上，以「幹你娘機掰（臺語）」之穢語辱罵在場執行職務之訴外人林 X 傑及原告 2 人	
4	106 年度中簡字第 2401 號	「色狼！有色狼喔，救命喔！偷窺狂喔，偷拍！」、「變態！」、「肖豬哥！變態！變態！有變態，變態喔，有變態，好噁心的變態喔！」、「肖豬哥！」	
5	106 年度中簡字第 2333 號	因原告於自營攤位上不斷隔空對被告謂「心知肚明」、「人在做天在看」、「會罵人的都自己收，講壞話的都自己收啦，自做自收啦」等語，致使被告心生不滿，竟基於公然侮辱之接續犯意，於同日 8 時 41 分 53 秒至 54 秒許、8 時 42 分 6 秒至 7 秒許，在不特定多數人得以共見共聞之市場內自營攤位處，將臉部朝向原告，舉起右手比頭 2 次，藉此指射原告「頭殼壞掉」、「秀逗」之意	
6	106 年度中小字第 1807 號	在多數人可共見共聞之郭 X 婷臉書上，留言辱罵原告，稱：「睡幾個男人關她屁事，她要是欠男人，可以到台中公園站，只怕嚇壞老人家」	
7	106 年度中簡字第 1906 號	「垃圾」等語	
8	106 年度中簡字第 1856 號	被告以「卑鄙、無恥、骯髒、齷齪、下流」侮辱原告且公然侮辱之現場為本院法庭，法官、檢察官、書記官及律師等當時亦均在場，被告竟仍無所顧忌羞辱原告，致原告之人格、名譽造成相當之貶抑	
9	106 年度中小字第 1659 號	「不要臉」、「她有多垃圾你知道嗎？」、「她是訟棍」	
10	106 年度中小字第 1835 號	「這款的財事遊覽車導遊，腳開開賺比較快，把遊覽業當成什麼行業」	

民事判賠金額	刑事判決字號與處分
新台幣壹萬元	被告經台灣台中地方法院檢察署檢察官以 106 年度偵緝字第 1971 號偵查事件提起公訴,經鈞院 106 年度易第 141 號刑事判決以被告涉犯刑法第 309 條第 1 項之公然侮辱罪,判處拘役 50 日在案。
新臺幣參萬元	被告業經本院以 107 年度中簡字第 1298 號刑事簡易判決論以被告犯公然侮辱罪,判罰金新臺幣(下同)5,000 元,如易服勞役,以 1,000 元折算 1 日在案。
30,000 元	由本院以 106 年度中簡字第 838 號刑事簡易判決判處被告拘役 35 日
肆仟元	業經臺灣臺中地方法院 106 年度中簡字第 1666 號刑事判決判處被告罰金新臺幣 5 千元
8,000 元	由本院以 106 年度易字第 138 號刑事判決判處被告拘役 20 日
貳萬元	經本院以 105 年度中簡字第 788 號判決判處拘役 10 日而告確定
貳萬元	由本院以 106 年度中簡字第 517 號判決論以被告犯公然侮辱罪,判處拘役 10 日
參萬元	由本院以 106 年度中簡字第 923 號刑事簡易判決論以被告犯公然侮辱罪,判處罰金新臺幣(下同)3,000 元在案
10,000 元	經本院刑事庭於 105 年度中簡字第 2391 號案件中,當庭勘驗無誤,被告並未爭執,堪信為真。而被告因前開公然侮辱原告之罪行,經前揭刑事判決處罰金 6,000 元
壹萬捌仟元	經本院刑事庭以一〇六年度簡字第三八六號判處拘役三十日確定

高雄簡易庭民事判決

編號	高雄簡易庭民事判決字號	辱罵用詞	
1	107 年度雄簡字第 1053 號	被告以「幹！你機掰」、「X 你娘臭 XX」等語辱罵原告。	
2	107 年度雄簡字第 1911 號	被告竟在超商內，以「X 你娘」、「你三小」等語公然辱罵原告。	
3	106 年度雄小字第 2468 號	被告竟基於公然侮辱之犯意以「沒水準」、「誤人子弟，媽的，還說鋼琴老師，鬼琴老師，鋼琴老師沒像你這麼沒水準的」等語辱罵原告。	
4	106 年度雄小字第 2323 號	被告於統一超商內，因不滿基於公然侮辱之犯意，將其吃完熱狗所剩竹籤朝原告所站收銀台方向丟擲，以此方式貶損原告在社會上所保持之人格及聲譽地位，原告更因此喪失工作。	
5	106 年度雄簡字第 518 號	被告竟基於公然侮辱之犯意，於以「破你娘 XX 啦」、「你龜兒子你」等言語（均以臺語發音）辱罵原告	
6	106 年度雄小字第 1091 號	被告竟以「畜牲」、「跟豬一樣」辱罵原告	
7	106 年度雄簡字第 518 號	被告以「破你娘 XX 啦」、「你龜兒子你」等言語（均以臺語發音）辱罵原告	
8	106 年度雄簡字第 508 號	被告以「狗男女一對」辱罵原告	
9	106 年度雄小字第 403 號	被告以「X 你娘」、「臭 XX」、「社會敗類」等語辱罵原告	
10	105 年度雄簡字第 425 號	被告以「哭爸、死爸、X 你娘臭 XX、欠人 X」辱罵原告	

資料來源：司法院裁判書網路查詢系統 107 年 4 月 2 日以「公然侮辱」查詢，表格本研究整理。

民事判賠金額	刑事判決字號與處分
新臺幣壹萬元	被告經本院以 107 年度簡字第 658 號刑事判決判被告犯公然侮辱罪，處拘役 30 日。（本院 107 年度簡附民字第 59 號）
新台幣參萬元	被告業經本院 107 年度簡字第 2482 號刑事判決以公然侮辱罪刑判處被告罰金 8,000 元。
新臺幣貳萬元	被告業經本院刑事庭 106 年度簡字第 684 號刑事簡易判決判處拘役 20 日，被告不服提起上訴後，經本院刑事庭以 106 年度簡上字第 328 號判決駁回上訴確定。
新臺幣貳仟元	被告業經本院刑事庭 106 年度簡字第 2293 號刑事簡易判決判處拘役 25 日，被告不服提起上訴後，經本院刑事庭以 106 年度簡上字第 280 號判決撤銷改判處拘役 10 日確定。
新臺幣壹萬元	被告業經本院刑事庭 106 年度簡字第 501 號刑事簡易判決判處被告罰金 3,000 元確定在案。
伍仟元	被告經橋頭地院以 106 年度簡字第 901 號刑事判決判處被告犯公然侮辱罪，處罰金新臺幣（下同）3,000 元確定在案
壹萬元	被告經本院刑事庭 106 年度簡字第 501 號刑事簡易判決判處被告罰金 3,000 元確定在案
捌仟元	本院以 105 年度簡字第 2380 號刑事判決判處被告犯公然侮辱罪，處拘役 10 日確定
壹萬元	本院刑事庭以 105 年度簡字第 5504 號刑事判決認定構成公然侮辱罪，而判處罰 10,000 元確定
壹萬伍仟元	被告公然侮辱行為經本院以 104 年度簡字第 5319 號刑事判決犯公然侮辱罪，處罰金 6,000 元

表 5-2　公然侮辱罪與公然侮辱侵權之比較表

公然侮辱罪		公然侮辱侵權
以刑法國家公權力介入		被害人所受損害賠由民法填補被害人之損害與回復原狀
適用法條		
刑法第 309 條		民法第 18 條、184 條、195 條
保護法益	個人名譽	人格權
法院裁判審酌範圍	依刑法第 57 條審酌行為人責任科刑輕重標準： 1.犯罪之動機 2.犯罪時所受之刺激 3.犯罪之手段 4.犯罪行為人之生活狀況 5.犯罪行為人之品行（有無前案紀錄） 6.犯罪行為人知識程度（教育程度） 7.犯罪行為人與被害人之關係 8.犯罪行為人違反義務之程度 9.犯罪所生危害或損害 10.犯罪後之態度（有無意和解）	民法第 195 條所謂相當之金額，應斟酌加害人與被害人雙方之身分、資力與加害程度，及其他各種情形核定之；慰撫金是否相當，應以加害行為之加害程度及被害人所受痛苦，斟酌加害人及被害人之身分、經濟地位等各種情形定之，按慰藉金之賠償須以人格權遭遇侵害，使精神上受有痛苦為必要，其核給之標準固與財產上損害之計算不同，然非不可斟酌雙方身分資力與加害程度，及其他各種情形核定相當之數額 1 且所謂「相當」，應以實際加害情形與其影響是否重大及被害人之身分、地位與加害人之經濟情況等關係定之。2
法院處置	拘役或易科罰金	金錢上損害賠償

資料來源：本研究整理。

　　研究發現有關公然侮辱刑事判決多為罰金，而拘役為少數，且拘役多為可易科罰金並無實際因犯此案而遭拘役者，又民事判決損害賠償金額極少數低於刑事罰金，大多高於刑事罰金或拘役得易科罰金之金額。若以民事責任取代刑事責任將刑事責任罰金或拘役之金額以民事賠償之方式，直接填補被害人之損失較為適當。

　　另外，為了解公然侮辱無罪與民事原告之訴駁回判決理由之不同，茲製表如下。

表 5-3　地方法院審酌刑公然侮辱無罪與民事原告之訴駁回判決理由比較表

編號	裁判法院刑、民事判決案號	裁判主文	理由	本文意見
1	臺北地院 刑事案號 107 年度易字第 46 號	被告無罪	告訴人持有經報導涉嫌組織等犯罪之薛〇〇名片到場，屢經嚴詞拒絕並要求離去私人營業場所，不要再打擾仍未果，而稱呼「黑道」等語，顯係係基於告訴人之前開行為陳述意見，而難認其評論目的係為攻擊告訴人而有公然侮辱犯意，本院自應為被告無罪之諭知。	依刑法 311 條第 1 款之規定因自衛自辯或保護合法利益者不罰。同法第 3 項之規定對於可受公評之事，而為適當之評論者不罰。臺北地院刑事案號 107 年度易字第 46 號判決無罪是因為刑法 311 條第 3 項之規定對於可受公評之事，而為適當之評論者不罰。臺北地院民事案號 107 年度訴字第 162 號原告之訴駁回刑法 311 條第 1 款之規定因自衛自辯或保護合法利益者不罰。同法第 3 項之規定對於可受公評之事，而為適當之評論者不罰及第 310 條第 2 項之規定能證明真實者不罰。由此證明形式在判決被告無罪及民事在判決原告之訴駁回時均適用刑法第 310 條能證明真實者不罰及第 311 條以善意發表言論者不罰之規定，來做為刑事判決被告無罪與民事判決駁回原告之訴的依據。
	臺北地院 民事案號 107 年度訴字第 162 號	原告之訴駁回。	一、被告實係因不滿原告持續跟追並質問、批評，始脫口而出「你媽的屄」，應為發洩其情緒之用語，難認被告有侮辱原告之故意。二、被告係因原告質疑其為中國籍配偶身分（即俗稱大陸妹），之原告：「你媽媽不是大陸妹嗎？「你還是大陸妹生的，你知道嗎？」等語，被告上開言論應係在質疑原告自己亦為大陸地區人士所生，為何卻還稱伊為「大陸妹」，實難認被告有何侮辱原告之意思。	

編號	裁判法院 刑、民事 判決案號	裁判主文	理由	本文意見
2	南投地院 刑 事 案號 107 年度易字第29 號	被告無罪	告訴人於證人朱○○於臉書上刊登「【民報】【專文】」文章下，就文章表達與該篇不同意見之留言，與證人朱○○持相同政治立場之。而被告留言針對告訴人所屬政治立場之留言而有不同看法予以反擊，表達各人之價值觀，為抽象之負面評價，應屬「意見表達」之言論範疇。	南投地院 107 年度易字第29 號刑事判決被告無罪及新北地院 106 年度訴字第3322 號民事判決原告之訴駁回均依據刑法第 311 條第3 款之規定，對於可受公評之事，而為適當之評論者不罰。由此證明刑、民事在判決被告無罪或原告之訴駁回時仍適用刑法第 311 條以善意發表言論者不罰之規定，來做為判決被告無罪及駁回原告之訴的依據。
	新北地院 民 事 案號 106 年度訴字第3322 號	原告之訴及假執行之聲請均駁回。	原告涉有違反化粧品衛生管理條例第 15 條第 1 項、同法第 27 條第 1 項之未領有工廠登記證而製造化粧品、刑法第 216 條、第 215 條之行使業務登載不實文書等罪嫌，曾於 106 年 5 月 15 日對原告為緩起訴處分等情。本件被告於「○○—神奇食用植物消臭論壇」、「○○四海」等網路論壇，刊登其內容之評論既有相關具體事實依憑，而非全出於虛構捏造，且被告陳述之內容，係基於一般消費者之地位，針對企業經營情形之發表個人意見，符合公共利益之可受公評範圍，並依一般社會經驗法則，有相當理由可信為真實，亦得阻卻被告言論之不法性，揆諸前開規定及說明，即無從論以被告有不法侵害原告之名譽權並致其受有損害，自不能令被告負侵權行為之責。	依刑法 311 條第 3 項之規定對於可受公評之事，而為適當之評論者不罰。

編號	裁判法院刑、民事判決案號	裁判主文	理由	本文意見
3	基隆地院 刑事案號106年度易字第528號	被告無罪	告訴人卻未得被告林○○、陳○○之同意，主動對他們攝影，並經異議後仍持續攝影，侵犯被告林○○、陳○○之隱私權，因此縱被告林○○、陳○○的對話是在指涉告訴人，也是對告訴人侵犯隱私權行為之評價，主觀上並無侮辱意圖。自應對被告3人均為無罪之諭知。	依刑法311條第1款之規定因自衛自辯或保護合法利益者不罰。同法第3項之規定對於可受公評之事，而為適當之評論者不罰。 一、基隆地院刑事106年度易字第528號判決無罪是因為刑法311條第1款之規定因自衛自辯或保護合法利益者不罰。 二、高雄地院民事107年度訴字第162號判決原告之訴駁回。刑法311條第3項之規定對於可受公評之事，而為適當之評論者不罰。 三、由此證明形式在判決被告無罪及民事在判決原告之訴駁回時均適用刑法第311條以善意發表言論者不罰之規定，來做為刑事判決被告無罪與民事判決駁回原告之訴的依據。
	高雄地院 民事案號105年度訴字第1527號	原告之訴駁回。	被告上開言論實係基於其對於兩造間上開交易議價過程之感受，揆諸前揭說明，其以兩造議價過程之事實為基礎，對此申論其個人之意見、表達自己之評價及主觀上之確信而為夾敘評論之措辭，並非無端恣意以情緒性言論攻擊原告，實難認係出於貶抑原告社會評價之惡意所為，自難認有侵害原告名譽權之情。從而，原告主張被告於系爭文章下留言「不想買就算了，還寫信酸人＋黑人…真沒品」等語，侵害其名譽權，尚難憑採，原告以此請求被告負損害賠償之責。	

資料來源：司法院裁判書網路查詢系統107年5月20日以「公然侮辱」查詢，表格本研究整理。

　　由各法院判決採樣公然侮辱刑事與民事判決，刑法第311條以善意發表言論者不罰之規定，在刑事判決及民事判決時均適用做為刑事判決被告無罪與民事判決駁回原告之訴的依據。

注意：近來最高法院於民國107年台上字第3116號妨害名譽刑事判決，認為刑法第311條免責要件之規定，係針對誹謗行為，然於公然侮辱行為，並無適用餘地。

判決全文：

上　訴　人　甲

因妨害名譽案件，不服臺灣高等法院花蓮分院中華民國 107 年 5 月 2 日第二審判決（107 年度上易字第 16 號，起訴案號：臺灣花蓮地方檢察署 106 年度偵字第 2242 號），提起上訴，本院判決如下：

　　主　文
上訴駁回。

　　理　由
一、刑事訴訟法第 377 條規定，上訴於第三審法院，非以判決違　背法令為理由，不得為之。是提起第三審上訴，應以原判決　違背法令為理由，係屬法定要件。如果上訴理由書狀並未依據卷內訴訟資料，具體指摘原判決不適用何種法則或如何適用不當，或所指摘原判決違法情事，顯與法律規定得為第三審上訴理由之違法情形，不相適合時，均應認其上訴為違背法律上之程式，予以駁回。

二、本件上訴人甲上訴意旨略以：
　　（一）　依證人丙於偵查及第一審之證言，其於臺灣花蓮地方法院民事執行處執行人員辦理強制執過程中，固曾說出「不要臉」等言詞，但當時並未面對告訴人乙而為，且係對於告訴人侵吞其配偶、子女不動產之事加以評論，與公然侮辱罪之構成要件不合。原判決認定其有公然侮辱犯行，顯然違法。

　　（二）　縱認其係對告訴人說出「不要臉」之言語，應係就雙方有爭執之不動產，為保護自身合法利益，並對可受公評事項為適當評論，符合刑法第 311 條第 1、3 款免責要件規定，不應依公然侮辱罪處罰。原判決仍論處其公然侮辱刑責，有適用法則不當之違法。

三、惟查原判決撤銷第一審無罪之判決，改判論處上訴人犯公然侮辱罪刑，已詳述認定犯罪事實所憑證據及認定理由。並對如何認定：上訴人否認犯罪之辯詞，不足採信；其有公然侮辱之犯意及犯行；均依據卷內資料予以指駁及說明。

四、原判決從形式上觀察，並無任何違背法令。又查：
　　（一）　刑法第 311 條係關於事實之「意見表達」或「評論」，就誹謗罪特設之阻卻違法事由。而刑法第 309 條所稱「侮辱」者，係以言語、舉動或其他方式，對人為抽象的、籠統性侮弄辱罵而言，至同法第 310 條稱「誹謗」者，則係以具體指摘或傳述足以毀壞他人名譽之事而言，二者應有所分別。是以刑法第 311 條針對誹謗行為，雖定有不罰事由，然於公然侮辱行為，並無適用餘地。

　　（二）　上訴人甲於多數人得以共見共聞之民事執行場合，以「不要臉」等用語辱罵告訴人乙，所為構成公然侮辱，自無主張刑法第 311 條善意阻卻違法之可言。

五、上訴意旨置原判決論述於不顧，徒為事實上爭辯，並對原審採證認事職權之行使，任意指摘，與首述法定上訴要件不符。其上訴違背法律上程式，應予駁回。
　　據上論結，應依刑事訴訟法第 395 條前段，判決如主文。

中　　華　　民　　國　　107　　年　　7　　月　　25　　日

最高法院刑事庭

第二節　立法院有關公然侮辱除罪化之議案

以下本文臚列出立法院有關公然侮辱除罪化之議案：

案由：本院委員，鑑於刑法妨害名譽罪章若干條文業已侵害憲法第 11 條表現自由，且該法構成要件之認定準則不一，更促使民眾動輒興訟，浪費司法資源；實應加以除罪化，以使當事人逕行循民事求償途徑即可，以符比例原則及刑法謙抑性。是否有當？敬請公決。

說明：

一、刑法謙抑性者，亦即不法行為之構成，須具有不法、罪責與應刑罰性等三個本質要素；亦即須兼具 (1) 不法行為所破壞法益之價值與程度；(2) 不法行為對於行為客體侵害之危險性；(3) 行為人在良知上之可譴責性；(4) 刑罰之無可避免性等，而為綜合判斷。

二、據司法統計月報指出，妨礙名譽案件量自 2001 年起之 571 件，到 2009 年已破千件共達 1045 件、2011 年達到 1324 件、2013 年底更高達 1966 件，其中遭判刑 6 個月以下者僅 40 件、6 個月至 1 年者有 3 件；其餘多屬無罪、不受理或論罰金以下之刑者；顯示近幾年妨礙名譽案件量激增，然定罪率卻頗低。

三、此外，公然侮辱罪還有判決不一的問題；判例上有民眾罵人「╳你娘」在台北地院被判拘役 45 日、在台東地院判拘役 20 日；罵人「神經病」則有從判拘役 30 日、罰金 4000 元到無罪都有；而罵人「瘋子」在台北地院被判罰金 4000 元、在板橋地院判無罪。更何況多數民眾有以「不要臉」或「白目」而吃上官司者，日前更有台北地檢署認為「『唬爛』不算罵人，但『腦殘』曾被法院認定構成公然侮辱；但是，罵人『無腦』比罵人『腦殘』更嚴重」，竟然逕行將當事人依公然侮辱罪嫌起訴之案例；更何況上述某些詞句僅是民眾慣用語，並沒有侮辱別人的意思，卻因此動輒挨告導致吃上「前科」；故本法時有修正之必要。

四、準此，近日更有某位婦人認為其夫與公司女同事外遇連珠炮嗆罵羅女：「不要臉、賤人、╳╳娘、肖查某」，竟被檢方依妨害名譽罪嫌起訴；然士林地院的女法官卻認為「有力的表述，未必是文雅的……被告是對自己婚姻遭到侵犯的

情感表述，法律沒理由處罰『說實話的人』而判其無罪。」尤其，法官亦闡明「強迫情緒激動者不能口出惡言，無異於強令她另尋宣洩管道，可能造成無可挽回的犯行」

五、參酌民國 19 年妨害名譽章之立法理由「至於不問事實之有無概行處罰，就箝制言論之自由及妨害社會，可謂極矣，是謂失之過廣。」綜上所述，本案各項條文實無存在之必要，以上種種，敬請公決。

六、本案特針對刑法第 309 條至第 312 條主張刪除，而不列入第 313 條妨害信用罪之緣由，實因該條不純屬個人法益之侵害亦有涉及交易安全及公眾利益之可能，故特予以保留；茲補充如上。[49]

表 5-4　中華民國刑法刪除部分條文草案對照表

修正條文	現行條文	說明
第三百零九條（刪除）	第三百零九條公然侮辱人者，處拘役或三百元以下罰金。 以強暴犯前項之罪者，處一年以下有期徒刑、拘役或五百元以下罰金。	一、本條刪除。 二、本條文非但侵害憲法第十一條之人民表現自由，更違背刑法謙抑性與比例原則，亦導致實務多有濫訴，徒增司法資源耗費，特予以刪除並回歸民事追償始為正辦。
第三百十條（刪除）	第三百十條意圖散布於眾，而指摘或傳述足以毀損他人名譽之事者，為誹謗罪，處一年以下有期徒刑、拘役或五百元以下罰金。 散布文字、圖畫犯前項之罪者，處二年以下有期徒刑、拘役或一千元以下罰金。 對於所誹謗之事，能證明其為真實者，不罰。但涉於私德而與公共利益無關者，不在此限。	一、本條刪除。 二、本條文非但侵害憲法第十一條之人民表現自由，更違背刑法謙抑性與比例原則，亦導致實務多有濫訴，徒增司法資源耗費，特予以刪除並回歸民事追償始為正辦。

---

49 參照立法院，議案關係文書（中華民國 41 年 9 月起編號），中華民國 103 年 5 月 14 日印發，院總第 246 號委員提案第 16396 號。

修正條文	現行條文	說明
第三百十一條（刪除）	第三百十一條以善意發表言論，而有左列情形之一者，不罰： 一、因自衛、自辯或保護合法之利益者。 二、公務員因職務而報告者。 三、對於可受公評之事，而為適當之評論者。 四、對於中央及地方之會議或法院或公眾集會之記事，而為適當之載述者。	一、本條刪除。 二、本條原屬前兩條之除罪條款，遂配合前兩條一併予以刪除。
第三百十二條（刪除）	第三百十二條對於已死之人公然侮辱者，處拘役或三百元以下罰金。 對於已死之人犯誹謗罪者，處一年以下有期徒刑、拘役或一千元以下罰金。	一、本條刪除。 二、基於舉重明輕之法理，刑法第三百零九條及第三百十條既無存在之必要，遂一併將本條文亦予刪除。

資料來源：立法院第 8 屆第 5 會期第 10 次會議議案關係文書（中華民國 41 年 9 月起編號）中華民國 103 年 5 月 14 日印發院總第 246 號委員提案第 16396 號。

第三節　以民事責任取代刑事責任之可行性

　　妨害名譽的行為，有無必要對之加以犯罪化，而加以科刑，在刑事立法上是有所商榷的餘地。刑事的制裁，即有可能發生壓制憲法所保障的表現自由的情形，對此本文以 100 名來辦理協調案的民眾採問卷訪查方式來了解一般民眾對於有關刑法第 309 條的 1 項「公然侮辱」除罪化之看法做個統計並結合國內學者之見解，以了解民事責任取代刑事責任之可行性。

一、簡易問卷調查，經問卷訪查一般民眾對於刑法 309 條第 1 項「公然侮辱」除罪化的看法：

　　自 107 年 12 月 15 日至 107 年 12 月 22 日止訪查 100 名民眾

訪查內容為：請問您對刑法 309 條第 1 項「公然侮辱」除罪化的看法：

1. 您的性別、年齡：
　　□男　□女
　　□ 20 歲以下　□ 20-30 歲　□ 30-50 歲　□ 50 歲以上

2. 請問您有時自已會對他人罵一些粗俗不堪入耳的（三字經）嗎？
　　□會　□不會

3. 您的朋友中，有經常講一些粗俗不堪入耳（三字經）的嗎？
　　□很多　□很少　□沒有

4. 有人對你罵一些粗俗不堪入耳的（三字經），你會感到非常不舒服或氣憤嗎？
　　□會　□不會

5. 您認為如果刑法不處罰公然侮辱後，社會上會到處聽到罵人粗俗不堪入耳的（三字經）嗎？
　　□會　□不會

6. 您同意「公然侮辱」除罪化，不以刑法處罰？
　　□同意　□不同意

　　其中不同意「公然侮辱」除罪化者，共計 61 位民眾，其中女性有 29 人男性 32 人。同意「公然侮辱」除罪化者，共計 39 位民眾，其中女性有 15 人男性 24 人。經研究發現女性民眾不同意除罪化者，20 歲以下有 1 人、20 歲至 30 歲有 3 人、30 歲至 50 歲有 9 人、50 歲以上有 16 人。男性民眾不同意除罪化者，20 歲至 30 歲有 6 人、30 歲至 50 歲有 17 人、50 歲以上有 9 人。女性民眾同意除罪化者，20 歲至 30 歲有 2 人、30 歲至 50 歲有 6 人、50 歲以上有 7 人。男性民眾同意除罪化者，20 歲以下有 2 人、20 歲至 30 歲有 1 人、30 歲至 50 歲有 15 人、50 歲以上有 6 人。

　　研究中發現在女性民眾中，自已會對親朋好友或其他人罵一些粗俗不堪入耳的言語者，共有 9 人，不會的有 35 人。女性朋友中會有經常講一些粗俗不堪入耳的言語者，共有 37 人，沒有的 7 人。女性被朋友罵一些粗俗不堪入耳言語者，會感到非常不舒服或氣憤，共有 36 人，不會的有 8 人。認為如果刑法不處罰公然侮辱後，社會上會到處充斥著，隨便罵人粗俗不堪入耳的言語者，共有 32 人，不會的有 12 人。

　　相對發現在男性民眾中，自已會對親朋好友或其他人罵一些粗俗不堪入耳的言語者共有 29 人，不會的有 27 人。朋友中會有經常講一些粗俗不堪入耳的言語者共有 51 人，沒有的 5 人。被朋友罵一些粗俗不堪入耳言語者，會感到非常不舒服或氣

憤共有 37 人，不會的有 19 人。認為如果刑法不處罰公然侮辱後，社會上會到處充斥著，隨便罵人粗俗不堪入耳的言語者共有 35 人，不會的有 21 人。

表 5-5　針對 100 位民眾問卷訪查對於「公然侮辱」除罪化看法統計表

同意除罪化者	39 人	不同意除罪化者	61 人
自已會罵粗俗言語者	38 人	自已不會罵粗俗言語者	62 人
朋友中會有經常講一些粗俗的言語者	88 人	朋友中沒有常講一些粗俗的言語者	12 人
被罵，會感到非常不舒服或氣憤者	73 人	不會感到非常不舒服或氣憤者	27 人
認為如果刑法不處罰，社會上會到處充斥著，隨便罵人者	67 人	不會處充斥著，隨便罵人者	33 人

資料來源：本研究整理。

在經過 100 份的問卷訪查後，發現一般民眾雖然自已也會罵粗俗言語甚至朋友中也不乏會有經常講一些粗俗的言語者，但基於在道德觀念上，仍認為「公然侮辱」需由法律來規範，否則社會上會到處充斥著，隨便謾罵人者。

二、國內正反學說，國內學者之見解可分為贊成說和反對說兩方面論述。

（一）贊成說

　　除罪化贊成說認為，毀謗罪的規定有牴觸憲法保障表現自由之虞。如大法官會議第 509 號解釋所說的，言論自由乃維持民主多元社會正常發展不可或缺之機制，國家應給予最大限度之保障。如不除罪化，新聞從業人員因恐懼毀謗罪，將採行自我設限，產生寒蟬效應，減縮其言論應有之作用與功能。且若不除罪化，正好讓有權力或影響力之官員、民意代表或公眾人物得以藉機濫用，作為威脅一般人或新聞媒體的利器，達到箝制言論自由之目的。

　　林山田教授更提出，由於現行刑法設有毀謗罪的處罰規定，將發表言論的行為犯罪化，使司法人員有權判斷謀一言論係屬憲法保障的言論自由，亦或是刑法所制裁的毀謗行為。由於司法品質的低落，以及法官用法又欠缺合憲性解釋，故可能是本罪的刑事司法審判，不當的限制或剝奪人民的言論自由。[50]

---

[50] 林山田，刑法各論（上冊）台大法學院圖書部 2006 年 10 月 5 版第 268 頁。

　　且毀謗罪條文中充斥著不確定法律概念，定義模糊難以明確，例如適當、善意、公共利益等，將造成不同法官間認定不同，使新聞業人員無所適從。[51]在美國等先進國家或司法實務多以刪除誹謗之刑事責任，由被害人向法院提起民事侵權行為之訴，請求行為人損害賠償，不至於發生以刑法壓制憲法言論自由之危險，且對被害人就有實益。[52]

　　我國在兩年之前批准聯合國 1966 年兩項國際公約，並已制定兩公約施行法，其條文及聯合國人權事務委員會為兩公約所作出的解釋，已成為我國人權法體系的重要內容。聯合國人權事務委員會針對公民與政治權利國際公約第 19 條及第 20 條規定，以第 34 號一般性意見做成解釋，其中第 47 段是關於誹謗立法的原則，指出締約國應考慮毀謗立法除罪化；無論如何，刑罰只能用於最嚴重的案件，自由刑絕對不是適當的處罰，國家亦不得以誹謗罪起訴刑事被告之後卻不迅速進行審判，此種作為會形成寒蟬效應，不當的限制被告乃至於其他人行使言論自由。

（二）反對説

　　反對説認為一旦妨害他人名譽均得以金錢賠償了卻責任，豈非享有財富者即得任意毀謗他人名譽，自非憲法保障人民權利之本意。[53]如僅對發表毀謗言論之任處以民事賠償之責，未必足以達到完全賠償被害人之損害或回復其名譽之目的。[54]

　　英美國家雖已將毀謗罪行為除罪化，改以民事侵權行為論處，而其他國家則仍有將毀謗論以犯罪行為。但歐陸法系國家與英美法系國家的處理態度，原本即有所不同，前者以犯罪行為論之，後者以侵權行為論處，在各有歷史的情況下，不能單憑英國法已將毀謗行為除罪化，就認為臺灣法必須跟上除罪化之腳步，對此學者謝庭晃認為，不除罪化就是跟不上時代，就是不尊重憲法的説法，似乎過度了些。[55]

　　林鈺雄教授更提出，儘管現行法一般被解讀為保障言論自由不足，但若具

---

[51] 尤英夫，誹謗罪除罪化問題全國律師第 6 卷第 6 期 2002 年 6 月第 60 頁。

[52] 林山田，前揭書第 268 頁、尤英夫前揭書第 60 頁。

[53] 黃仲夫，刑法精義元照出版有限公司 2010 年 8 月修訂 26 版第 660 頁。

[54] 尤英夫，前揭書第 60 頁。

[55] 參照謝庭晃，妨害名譽罪之研究天主教輔仁大學法律學系博士論文 2005 年 1 月第 89 頁。

體進入刑法體系中進行抽絲剝繭即可知，毀謗他人名譽之行為，必經過層層檢驗，最後方能成立毀謗罪。依其理論，毀謗罪之行為，必須經過層層檢驗，其是否仍為保護言論不足？對此，學者謝庭晃亦有指出，雖除罪化贊成說認為毀謗罪有牴觸憲法保障表現自由之虞，但表現自由的保障並非是沒有限制的，依照我國的刑法條文上的真實性及公益性之要件，再加上實務對於真實性要件的解釋，已給予表現自由相當大的空間，仍說毀謗罪的條文牴觸憲法之規定，是否言過其實。[56]

三、成功大學張志隆碩士論文主張公然侮辱可以刪除之理由：

（一）　符合刑法最低道德要求

　　刑法是最低標準的道德規範，僅能維持最低程度的道德，無法期待它提高道德或倫理水準，行為人之所以受處罰，是因為其行為已違反道德所能接受的最低限度。就滿口粗話的人而言，一般人給的評價應該是認為該人粗鄙難登大雅，卻不至於認為這樣的行為，已經形成道德上的厭惡，既然這樣的行為尚未低於刑法所要求的最低道德規範，則不應以刑罰手段對應之。

（二）公然侮辱行為並未侵害社會名譽

　　若從公然侮辱罪保障的法益來看，公然侮辱罪與毀謗罪同為保障「外部名譽」，外部名譽的行成，一般認為係指社會對於個人的價值所給予的評，故也稱社會評價，一般通稱的「名聲」、「風評」、「人望」、「聲望」等，除以道德為社會評價的基準的外，舉凡個人對於社會、文化、經濟、政治有關的部分莫不為社會評價的部分，此外對於個人容貌的美醜、身份、職業、家庭背景等純然的外部現象，亦為社會的名譽的內容。保障的法益既然為來自於社會對被害人的評價，而非被害人個人內心主觀感覺，則行為人對被害人為情緒性的粗口髒話，不論是出於什麼樣得主觀想法，都不至於會對被害人的社會評價造成影響，也就不會侵犯其名譽法益，試想，如果今天走在路上，聞見一行為人以粗口辱罵被害人，則旁觀者內心的感受應該是認為行為人的道德品格極差，而非因幾句粗話就降低被害人的名譽評價，這樣的說法應該比較符合社會實際狀態[57]。因此，從法益侵害的觀點來說，公然侮辱罪所規範的行為實無法造成法益的侵害，若強將未能造成法益侵害的行為列入處罰之列，將與刑分法條的

[56] 參照謝奕瑩，我國刑法妨害名譽罪理論與實務研究 101 年 7 月海洋大學碩士論文 60-62 頁。
[57] 參照謝庭晃，前揭博士論文第 132 頁。

存在目的相背離，實則公然侮辱罪應係欠缺存在的必要性。

（三）　名譽保障的密度並未降低

　　將行為人的空乏謾罵行為，從刑法妨礙名譽罪規範中移除，是否會形成規範密度的不足？本文認為應該不會，因為行為人若於謾罵外又夾雜了事實的指陳，則不問所指陳的事實是否真實，論述既然有據，動輒牽扯被害人社會評價，此時即落入誹謗罪的檢驗，其他直接指陳事實者侵害被害人名譽者，也是直接適用誹謗罪對應之，如此一來，除去次缺規範必要性的「空乏謾罵」部份，對於刑法整個名譽保障體系來説，僅屬削減枝微末節，對於名譽保護的密度並不會造成不足。

（四）民事賠償即可代之

　　至於為行為人的謾罵行為所深深傷害的被害人內心感受，依民事侵權行為法可以填補其所受到的精神上損失，也就無需要強將此種罪則輕微的行為冠以刑事處罰。縱上所述，公然侮辱罪次缺存在的必要性，應予以刪除。[58]

第四節　小結

一、立法院第 8 屆第 5 會期第 10 次會議有關公然侮辱除罪化議題立法院若干委員提出議案關係文書，鑑於刑法妨害名譽罪章若干條文業已侵害憲法第 11 條表現自由，且該法構成要件之認定準則不一，更促使民眾動輒興訟，浪費司法資源；實應加以除罪化，以使當事人逕行循民事求償途徑即可，以符比例原則及刑法謙抑性。據司法統計月報指出妨礙名譽案件，其中遭判刑 6 個月以下者僅 40 件、6 個月至 1 年者有 3 件；其餘多屬無罪、不受理或論罰金以下之刑者；顯示近幾年妨礙名譽案件量激增，然定罪率卻頗低。因此主張刪除刑法第 309 條至第 312 條。

二、本文研究發現有關各法院公然侮辱行為在刑事判決及民事在判決時均適用刑法第 311 條以善意發表言論者不罰之規定，來做為刑事判決被告無罪與民事判決

---

[58] 參照張志隆，公然侮辱與誹謗罪規範適用與區辨 94 年 7 月成功大學碩士論文第 164-165 頁。

駁回原告之訴的依據。公然侮辱刑事有罪判決多為罰金，而拘役為少數，且拘役多為可易科罰金並無實際因犯此案而遭拘役者，又民事公然侮辱侵權行為損害判決損害賠償金額極少數低於刑事罰金，大多高於刑事罰金或拘役得易科罰金之金額。倘若公然侮辱除罪後，以民事責任取代刑事責任將刑事責任罰金或拘役之金額，以民事賠償之方式，直接填補被害人之損失顯然較為符合刑罰謙抑性及最後手段性。

三、對此本文以 100 名來辦理協調案的民眾採問卷訪查方式來了解一般民眾對於有關刑法第 309 條的 1 項「公然侮辱」除罪化之看法做統計，在經過問卷訪查後，發現一般民眾基於道德觀念上，仍認為「公然侮辱」需由法律來規範，否則社會到處會充斥著，隨便謾罵人者。

四、國內學者之見解可分為除罪化不贊成說與贊成說兩方面論述，不贊成除罪化學者認為表現自由的保障並非是沒有限制的，依照我國的刑法條文上的真實性及公益性之要件，再加上實務對於真實性要件的解釋，已給予表現自由相當大的空間保障。贊成除罪化學者認為，以刑法僅能維持最低程度的道德，無法期待它提高道德或倫理水準，就滿口粗話的人的行為尚未低於刑法所要求的最低道德規範，則不應以刑罰手段對應之。從公然侮辱罪保障的法益既然為來自於社會對被害人的評價，行為人對被害人為情緒性的粗口髒話，都不至於會對被害人的社會評價造成影響，也就不會侵犯其名譽法益。將行為人空乏謾罵的行為，從刑法妨礙名譽罪規範中移除，對於名譽保護的密度並不會造成不足至於為行為人的謾罵行為所深深傷害的被害人內心感受，依民事侵權行為法可以填補其所受到的精神上損失，也就無需要強將此種罪則輕微的行為冠以刑事處罰。

第六章　結論與建議

第一節　結論

一、研究動機：我從事法制與調解工作，在這段期間常常處理由地方檢察署轉介妨害名譽調解案，但依我個人簡單的看法，罵人是個人修養道德上的問題，怎會要受到刑法上的懲罰呢？就沒有別的方法可以處理罵人的問題嗎？難道非用刑罰才能夠使人不罵人嗎？

二、本研究目的：1.為了解刑法與民法對公然侮辱行為之學說及實務見解。2.為了解並統計分析刑事與民事有關公然侮辱之判決。3.檢討將刑法公然侮辱除罪的可能性。

三、本研究第二章以「法釋義學」作為研究公然侮辱刑事民事的條文、學說與實務見解的方法。

　　本研究第三、四章以「法實證學」研究，探討公然侮辱之刑事與民事實務判決的方法，由各法院判決採樣 366 件公然侮辱刑事判決，研究發現公然侮辱行為有關於被告以善意發表評論時，在各法院在刑事判決被告無罪與民事判決駁回原告之訴時，均適用刑法第 311 條以善意發表言論者不罰之規定來做為判決的依據。

　　第五章以「法政策學」探討以民法名譽侵權損害賠償責任取代刑法第 309 條刑事責任之可行性與公然侮辱罪除罪化可能性。研究發現有關各法院公然侮辱刑事有罪判決多為罰金，縱判拘役也多可易科罰金，並無實際因犯此罪而遭拘役者，或判有期徒刑入監執行者。公然侮辱若除罪化而以民事賠償取代刑罰，將刑罰拘役或罰金之金額以民事賠償之方式，直接填補被害人之損失，應較為符合刑罰謙抑主義之原則與最後手段性。

第二節　建議

一、法院在審理公然侮辱罪時應考量人與人之間的言談互動模式

　　憲法所保障之言論自由，及刑法規制之手段必要性與最小侵害原則，以及考量人與人之間的言談互動模式，彼此言談間應謙恭有禮抑或粗鄙地口出惡言，此乃個人自我人格形象之展現，並非以刑罰規範所能有效地規制。人格之型塑與養成多經年累月而成，如欲改善個人之言談模式，最佳方式應透過教育為之，司法系統之決斷未必更勝教育之專業，是宜先依「語用情境脈絡」方式，排除行為人口頭禪及慣常之情緒性發語詞、行為人之發言並未帶有蔑視之意涵、或者行為人發語並非針對被害人等不具有刑法意義之語言，以避免刑法規範箝制人與人之間溝通系統；初步篩選不具刑法意義之語言後，再行參酌前揭實務、學說見解之意旨，採取合憲性解釋之方式，針對行為人之「語言內容」判斷，行為人是否「以最粗鄙之語言辱罵」，辱罵之內容是否屬於帶有「階級、性別、出身背景」等歧視性之用語，該歧視性差別對待是否造成被害人「普遍的社會性名譽」受損，侵害個人在憲法上所平等享有之人性尊嚴，以期能符合罪刑法定主義、刑罰謙抑性原則。爰此，刑法第 309 條所規定「侮辱」，係以使人難堪為目的，以言語、文字、圖畫或動作，表示不屑、輕蔑或攻擊之意思，足以對於個人在社會上所保持之人格及地位，達貶損其評價之程度，始足當之；此罪所擬保護者，乃個人經營社會群體生活之人格評價，侮辱之涵義，判斷上每隨行為人與被害人之性別、年齡、職業類別、教育程度、平時關係、行為時之客觀情狀、行為地之方言或語言使用慣習等事項，呈現浮動之相對性，不宜執持任一事由即遽為肯認，而應綜合全盤情狀進行審查。又公然侮辱罪之規範作用，係在保護個人經營社會群體生活之人格法益，從而是否構成「侮辱」之判斷，除應注意行為人與被害人之性別、年齡、職業等個人條件外，尤應著重行為人與被害人間之關係、行為時之客觀情狀、行為地之方言或語言使用習慣等事項，依社會一般人對於語言使用、特定行為、舉動之認知，進行客觀之綜合評價，不宜僅著眼於特定之用語文字或行為方式，即率爾論斷。此外，個人之名譽究竟有無受到減損或貶抑，更非單依被害人主觀上之感情為斷，申言之，縱行為人所為已傷及被害人主觀上之情感，惟客觀上對於被害人之人格評價並無影響時，尚不得遽以刑法公然

侮辱罪加以論處。再者，公然侮辱罪中所謂「侮辱」，係指直接對人辱罵、嘲笑或其他表示足以貶損他人評價之意思。至其是否屬足以貶損他人評價之侮辱行為，應參酌行為人之動機、目的、智識程度、慣用之語言、當時所受之刺激、所為之言語、行為統合觀之，非得以隻言片語或其特定行為而斷章取義，遽以刑法公然侮辱罪加以論處。[59]

二、基於刑罰謙抑性及最後手段性，「公然侮辱」應予除罪化

　　刑罰謙抑主義之原則，即排除刑罰萬能的思想。刑罰雖在今日仍不失為對付犯罪之主要手段，惟並非唯一手段。刑事學研究之發達，更證實僅盲目的以嚴刑峻罰，並不足以達到預防犯罪之效果，亦使刑罰在防止犯罪上之價值大大降低[60]。研究發現，實務上法院妨礙名譽判決案件中多屬易科罰金以下之刑；顯示妨礙名譽案件重刑率頗低[61]。最近在各國所流行之所謂「非犯罪化」（decriminalization）及「非刑罰化」（depenalization）等，其意即以非刑罰的方式代替刑罰，各國形式立法之新趨勢莫不循此方向進行。德國在 1969 年之刑法修改，將原規定在刑法上之若干處刑較輕微之違警犯罪，認為無需以犯罪處刑，而改稱為「秩序違反」，頒行「秩序違反法」，由行政機關以行政罰處理之。英國 1972 年刑事審判法對於未滿 17 歲之少年，原則上禁止科刑，輕微犯罪人得交由社會福利機構之社會工作人員處理等，均為非刑罰化之傾向[62]。司改國是會議第 5 組第 3 次會議，建議妨害名譽除罪化，亦為輕微之犯罪非刑罰化之傾向。有鑑於刑罰謙抑主義及刑法之最後手段性之原則，刑法第 309 條第 1 項應除罪化，名譽遭受損害以民法第 195 條第 1 項之規定求償，亦能有效防止名譽權侵害之行為，且能填補被害人之損害。

---

59 臺灣花蓮地方法院，刑事判決 106 年度易字第 443 號
60 參照張甘妹著，刑事政策，第 13 頁 75 年 6 月再版（三民書局出版）。
61 參照立法院，議案關係文書（中華民國 41 年 9 月起編號），中華民國 103 年 5 月 14 日印發，院總第 246 號委員提案第 16396 號。
62 參照張甘妹前揭書，第 13 至 14 頁 75 年 6 月再版（三民書局出版）。

三、避免司法淪為道德教育機關，「公然侮辱」應為除罪化

按言論自由為人民之基本權利，憲法第 11 條有明文保障，以達成公民實現自我、溝通意見、追求真理及監督各種政治或社會活動之功能性目的，倘行為人言論係針對特定事項，依個人價值判斷，提出評論性意見，如非出於真正惡意之陳述，因發表意見之評論者不具有妨害名譽之故意，縱其批評內容足令被批評者感到不快，仍屬於憲法所保障言論自由之範疇，不能成立公然侮辱罪[63]。縱行為人所為已傷及被害人主觀上之情感，惟客觀上對於被害人之人格評價並無影響時，或可為民事侵權行為損害賠償之主張，但不得遽以刑法公然侮辱罪加以論處。

四、基於憲法第 23 條比例原則之必要性，「公然侮辱」應為除罪化

既然公然侮辱罪，被害人可採民事救濟的方式達成損害賠償之目的，國家即不能為了達到刑罰之目「以大砲打小鳥」，而使得人民受到更大的損害。因此，國家應對人民採取「最小侵害原則」，應將刑法第 309 條公然侮辱罪予以除罪化，以符合憲法第 23 條之保障。

---

[63] 參照臺灣高等法院，臺中分院 105 年度上易字第 1342 號判決意旨。

參考文獻

壹、參考書籍：

王澤鑑，慰撫金，民法學說與判例研究第二冊，作者自行出版，1996 年 10 月，284 頁。

平川宗信，「憲法的刑法學的展開」【中譯】，頁 271，有斐閣，2014 年 12 月 20 日，初版一刷。

甘添貴著刑法各論（上）修訂三版 2013 年（三民書局出版）。

林山田著，刑法通論增訂 3 版 1990 年 8 月 3 版 3 刷（林山田發行三民總經銷）。

林山田著，刑法各罪論上冊修訂第五版（元照出版 2006/11）。

張甘妹著，刑事政策 75 年 6 月再版（三民書局出版）。

曾世雄著，非財產上損害賠償 1989 年（曾世雄發行：三民總經銷，初版）。

曾淑瑜，2007 年 1 月圖解知識六法刑法分則編（新學林出版）。

黃仲夫，刑法精義元照出版有限公司 2010 年 8 月修訂 26 版第 660 頁。

鄧湘全律師著，失控的 309（書泉出版社 2014/12/25）。

貳、參考文章

立法院，議案關係文書（中華民國 41 年 9 月起編號），中華民國 103 年 5 月 14 日印發，院總第 246 號委員提案第 16396 號。

尤英夫，誹謗罪除罪化問題全國律師第 6 卷第 6 期 2002 年 6 月第 60 頁。

柯耀程，表意犯的迷失臺北地方法院 88 年易字第 2657 號判決暨臺灣高等法院 89 年度易字第 145 號判決評釋月旦法學雜誌第 69 期第 184 頁。

禹紅櫻，淺議精神損害賠償金的確定原則，長沙電力學院學報（社會科學版）第 17 卷第 2 期第 34 頁。

張志隆，公然侮辱與誹謗罪規範適用與區辨 94 年 7 月成功大學碩士論文第 164-165 頁。

陳瑩，97 年 8 月碩士論文民事損害賠償法上慰撫金數額算定標準之研究第 108-112 頁。廖正豪，刑事法雜誌論著妨害名譽罪之研究（上）第 13-15（財團法人刑事法雜誌社基金會出版 197608.20：4 期）。

陳聰富，人生侵害之損害概念，國立台灣大學法論叢第 35 卷第 1 期，第 56 頁。

黃天儀碩士論文，名譽權及信用權於損害賠償制度之研究 - 以我國近十年來判決為中心第 103-107 頁。

黃謙恩，慰撫金的定型化與定額化 - 現階段損害賠償的研究，律師通訊第 167 期第 15-16 頁。

廖正豪，妨害名譽罪立法之檢討中國比較法學會學報第 1 期 1975 年 12 月第 102 頁。

鄧學人，交通事故損害賠償之定型化與個別性之研究，法學叢刊第 162 期，第 61 頁。

謝奕瑩，我國刑法妨害名譽罪理論與實務研究 101 年 7 月海洋大學碩士論文 60-62 頁。

謝庭晃，妨害名譽罪之研究天主教輔仁大學法律學系博士論文 2005 年 1 月第 89 頁、第 132 頁。

叁、司法院解釋

1. 司法院，院字第 2033 號解釋。
2. 司法院，院字第 2178 號解釋。
3. 司法院，院字第 2032 號解釋。
4. 司法院，37 年院解字第 3806 號解釋。
5. 司法院，院字第 1863 號解釋。
6. 司法院，30 年院字第 2179 號解釋。
7. 釋字第 145 號解釋。
8. 釋字第 145 號解釋，大法官陳世榮不同意見書。

肆、網路

1. 名譽 - 維基百科，自由百科全書。https://zh.wikipedia.org/zh-tw/（最後瀏覽日期：108 年 5 月 4 日）
2. 罵退休警是流氓周某被判拘役 50 天 TVBS 新聞網林保宏 2018 年 5 月 31 日上午報導。https://news.tvbs.com.tw/world/929648（最後瀏覽日期：108 年 5 月 4 日）。
3. 三立新聞網，2018 年 5 月 30 日下午 12:20 記者陳　明／新北報導。https://www.setn.com/News.aspx?NewsID=386035（最後瀏覽日期：108 年 5 月 4 日）。
4. 中時電子報，張孝義／台北報導 2018 年 5 月 13 日上午 5:50。https://www.chinatimes.com/newspapers/20180513000478-260106?chdtv（最後瀏覽日期：108 年 5 月 4 日）。
5. ETtoday 新聞雲，2017 年 03 月 28 日社會中心／新竹報導。https://www.ettoday.net/news/20170328/893272.htm（最後瀏覽日期：108 年 5 月 4 日）。
6. ETtoday 新聞雲，2013 年 01 月 03 日東森新聞記者呂儀君、林育泉／台北報導。https://www.ettoday.net/news/20130103/148014.htm（最後瀏覽日期：108 年 5 月 4

日）。

7. 自由時報，2018-01-11 11:18 記者王定傳 / 新北報導。https://news.ltn.com.tw/ news/society/breakingnews/（最後瀏覽日期：108 年 5 月 4 日）

8. ETtoday 新聞雲，社會中心 / 台北報導 2018/05/07 報導。https://www.nownews. com/news/20180507/2749655/（最後瀏覽日期：108 年 5 月 4 日）。

9. 東森新聞 ETtoday 新聞雲，> 社會中心 2013 年 11 月 29 日報導。https://www. ettoday.net/news/20131129/302252.htm（最後瀏覽日期：108 年 5 月 4 日）。

10. 參照 ETtoday 新聞雲，> 地方 2012 年 11 月 27 日 23:32https://www.ettoday.net/ news/20121127/132760.htm（最後瀏覽日期：108 年 5 月 4 日）。

11. 自由時報，記者陳慰慈 / 新北報導 2017-03-22 報導。https://features.ltn.com.tw/ spring/article/2019/breakingnews/2012825（最後瀏覽日期：108 年 5 月 4 日）。

12. ETtoday 新聞雲，社會 2013 年 04 月 16 日東森新聞記者陳又寧、吳宇軒 / 台北報導。https://www.ettoday.net/news/20130416/193204.htm（最後瀏覽日期：108 年 5 月 4 日）。

13. ETtoday 新聞雲，2014 年 02 月 12 日 報導。https://www.ettoday.net/ news/20140212/324219.htm（最後瀏覽日期：108 年 5 月 4 日）。

14. EBC 東森新聞，2017-03-25 報導。https://www.youtube.com/watch?v=lLaNo7s0jeg （最後瀏覽日期：108 年 5 月 4 日）。

15. 22019-02-13 11:41 聯合報 記者邵心杰／即時報導。https://udn.com/news/ story/7321/3641230（最後瀏覽日期：108 年 5 月日）。

16. 中華電視公司網路新聞（華視新聞），2017/03/27 綜合報導台北市 87 涉公然侮辱報導。https://news.cts.com.tw/cts/life/201703/201703271859568.html（最後瀏覽日期：108 年 5 月 4 日）。

17. ETtoday 新聞雲，2013 年 04 月 16 日 報導。https://www.ettoday.net/ news/20130416/193140.htm（最後瀏覽日期：108 年 5 月 4 日）。

18. 中華日報，2018 年 6 月 30 日下午記者葉進耀台南報導。http://www.cdnnews. com.tw/news.php?n_id=23&nc_id=238207（最後瀏覽日期：108 年 5 月 4 日）。

伍、法院判決：

1. 臺灣高等法院，104 年度上易字第 937 號判決。

2. 臺灣高等法院花蓮分院，104 年度上易字第 56 號判決。

3. 最高法院，62 年台上字第 2806 號民事判例裁判。

4. 臺灣台北地方法院，刑事判決 95 易字 704 號判決。

5. 臺灣高等法院臺南分院，101 年度上易字第 242 號刑事判決。

6. 臺灣高等法院臺中分院，105 年度上易字第 1342 號判決意旨。

7. 最高法院，47 年台上字第 1221 號判例。

8. 最高法院，51 年台上字第 223 號判例、86 年度台上字第 3537 號判決。

9. 花蓮地方法院，106 年度易字第 443 號判決。

10. 臺灣台北地方法院，107 年度審易字第 1893 號刑事判決。

11. 臺灣台北地方法院，107 年度審簡字第 1449 號刑事判決。

12. 臺灣台北地方法院，107 年度審易字第 1787 號刑事判決。

13. 臺灣台北地方法院，107 年度審易字第 1907 號刑事判決。

14. 臺灣台北地方法院，107 年度簡字第 572 號刑事判決。

15. 臺灣台北地方法院，107 年度易字第 587 號刑事判決。

16. 臺灣台北地方法院，107 年度易字第 270 號刑事判決。

17. 臺灣台北地方法院，107 年度審易字第 918 號刑事判決。

18. 臺灣台北地方法院，107 年度審簡字第 1305 號刑事判決。

19. 臺灣台北地方法院，107 年度易字第 361 號刑事判決。

20. 臺灣台北地方法院，107 年度審易字第 1271 號刑事判決。

21. 臺灣台北地方法院，107 年度審易字第 1408 號刑事判決。

22. 臺灣台北地方法院，107 年度易字第 565 號刑事判決。

23. 臺灣台北地方法院，107 年度審易字第 1311 號刑事判決。

24. 臺灣台北地方法院，107 年度審易字第 800 號刑事判決。

25. 臺灣台北地方法院，107 年度易字第 46 號刑事判決。

26 臺灣台北地方法院，107 年度易字第 164 號刑事判決。

27. 臺灣台北地方法院，107 年度簡字第 1379 號刑事判決。

28. 臺灣台北地方法院，106 年度審易字第 2901 號刑事判決。
29. 臺灣台北地方法院，106 年度簡字第 3434 號刑事判決。
30. 臺灣台北地方法院，106 年度易字第 830 號刑事判決。
31. 臺灣台北地方法院，106 年度審易字第 2581 號刑事判決。
32. 臺灣台北地方法院，106 年度易字第 665 號刑事判決。
33. 臺灣台北地方法院，106 年度審易字第 3086 號刑事判決。
34. 臺灣台北地方法院，106 年度審易字第 1942 號刑事判決。
35. 臺灣台北地方法院，106 年度易字第 1001 號刑事判決。
36. 臺灣台北地方法院，106 年度審易字第 2911 號刑事判決。
37. 臺灣台北地方法院，106 年度易字第 701 號刑事判決。
38. 臺灣台北地方法院，106 年度審易字第 3369 號刑事判決。
39. 臺灣台北地方法院，106 年度簡字第 3352 號刑事判決。
40. 臺灣台北地方法院，106 年度易字第 957 號刑事判決。
41. 臺灣台北地方法院，106 年度自字第 51 號刑事判決。
42. 臺灣台北地方法院，106 年度審易字第 3012 號刑事判決。
43. 臺灣台北地方法院，106 年度審易字第 2993 號刑事判決。
44. 臺灣台北地方法院，106 年度審易字第 2797 號刑事判決。
45. 臺灣台北地方法院，106 年度審易字第 3247 號刑事判決。
46. 臺灣台北地方法院，106 年度審易字第 3225 號刑事判決。
47. 臺灣台北地方法院，106 年度審易字第 2816 號刑事判決。
48. 臺灣台北地方法院，106 年度審易字第 3070 號刑事判決。
49. 臺灣台北地方法院，106 年度易字第 983 號刑事判決。
50. 臺灣台北地方法院，106 年度審易字第 3160 號刑事判決。
51. 臺灣台北地方法院，106 年度簡字第 3279 號刑事判決。
52. 臺灣台北地方法院，106 年度易字第 699 號刑事判決。
53. 臺灣台北地方法院，106 年度審簡字第 2306 號刑事判決。
54. 臺灣台北地方法院，106 年度易字第 750 號刑事判決。
55. 臺灣台北地方法院，105 年度易字第 1105 號刑事判決。
56. 臺灣台北地方法院，105 年度易字第 735 號刑事判決。
57. 臺灣台北地方法院，105 年度易字第 739 號刑事判決。
58. 臺灣台北地方法院，105 年度易字第 796 號刑事判決。

59. 臺灣台北地方法院，105 年度易字第 245 號刑事判決。
60. 臺灣士林地方法院，107 年度審易字第 1659 號刑事判決。
61. 臺灣士林地方法院，107 年度審簡字第 782 號刑事判決。
62. 臺灣士林地方法院，107 年度易字第 364 號刑事判決。
63. 臺灣士林地方法院，107 年度審易字第 1152 號刑事判決。
64. 臺灣士林地方法院，107 年度審易字第 1182 號刑事判決。
65. 臺灣士林地方法院，106 年度易字第 472 號刑事判決。
66. 臺灣士林地方法院，106 年度審簡字第 1378 號刑事判決。
67. 臺灣士林地方法院，106 年度審易字第 2518 號刑事判決。
68. 臺灣士林地方法院，106 年度易字第 747 號刑事判決。
69. 臺灣士林地方法院，106 年度易字第 729 號刑事判決。
70. 臺灣士林地方法院，105 年度易字第 718 號刑事判決。
71. 臺灣士林地方法院，105 年度審易字第 2071 號刑事判決。
72. 臺灣士林地方法院，105 年度易字第 578 號刑事判決。
73. 臺灣士林地方法院，105 年度審簡字第 1309 號刑事判決。
74. 臺灣士林地方法院，105 年度審易字第 2997 號刑事判決。
75. 臺灣新北地方法院，107 年度易字第 500 號刑事判決。
76. 臺灣新北地方法院，107 年度易字第 431 號刑事判決。
77. 臺灣新北地方法院，107 年度審簡字第 809 號刑事判決。
78. 臺灣新北地方法院，107 年度審易字第 1245 號刑事判決。
79. 臺灣新北地方法院，106 年度簡字第 7131 號刑事判決。
80. 臺灣新北地方法院，106 年度易字第 291 號刑事判決。
81. 臺灣新北地方法院，107 年度簡字第 3512 號刑事判決。
82. 臺灣新北地方法院，107 年度簡字第 3626 號刑事判決。
83. 臺灣新北地方法院，107 年度簡字第 4498 號刑事判決。
84. 臺灣新北地方法院，107 年度易字第 476 號刑事判決。
85. 臺灣新北地方法院，107 年度審簡字第 587 號刑事判決。
86. 臺灣新北地方法院，107 年度審簡字第 667 號刑事判決。
87. 臺灣新北地方法院，107 年度審簡字第 634 號刑事判決。
88. 臺灣新北地方法院，107 年度審簡字第 248 號刑事判決。
89. 臺灣新北地方法院，107 年度審易字第 1231 號刑事判決。

90. 臺灣新北地方法院，107 年度審易字第 1465 號刑事判決。
91. 臺灣新北地方法院，107 年度簡字第 3714 號刑事判決。
92. 臺灣新北地方法院，107 年度易字第 321 號刑事判決。
93. 臺灣新北地方法院，107 年度簡字第 4025 號刑事判決。
94. 臺灣新北地方法院，107 年度簡字第 3915 號刑事判決。
95. 臺灣新北地方法院，107 年度易字第 204 號刑事判決。
96. 臺灣新北地方法院，107 年度簡字第 2940 號刑事判決。
97. 臺灣新北地方法院，107 年度簡字第 3916 號刑事判決。
98. 臺灣新北地方法院，107 年度易字第 424 號刑事判決。
99. 臺灣新北地方法院，107 年度易字第 180 號刑事判決。
100. 臺灣新北地方法院，107 年度簡字第 1542 號刑事判決。
101. 臺灣新北地方法院，107 年度簡字第 3466 號刑事判決。
102. 臺灣新北地方法院，107 年度簡字第 3436 號刑事判決。
103. 臺灣新北地方法院，107 年度審簡字第 674 號刑事判決。
104. 臺灣新北地方法院，106 年度簡字第 8091 號刑事判決。
105. 臺灣新北地方法院，106 年度易字第 1230 號刑事判決。
106. 臺灣新北地方法院，106 年度簡字第 3925 號刑事判決。
107. 臺灣新北地方法院，106 年度簡字第 7924 號刑事判決。
108. 臺灣新北地方法院，106 年度易字第 798 號刑事判決。
109. 臺灣新北地方法院，106 年度簡字第 8498 號刑事判決。
110. 臺灣新北地方法院，106 年度審易字第 3408 號刑事判決。
111. 臺灣新北地方法院，106 年度審易字第 4211 號刑事判決。
112. 臺灣新北地方法院，106 年度簡字第 7775 號刑事判決。
113. 臺灣新北地方法院，106 年度審易字第 4196 號刑事判決。
114. 臺灣新北地方法院，106 年度審易字第 2568 號刑事判決。
115. 臺灣新北地方法院，106 年度簡字第 8497 號刑事判決。
116. 臺灣新北地方法院，106 年度簡字第 7982 號刑事判決。
117. 臺灣新北地方法院，106 年度簡字第 7636 號刑事判決。
118. 臺灣新北地方法院，106 年度簡字第 7602 號刑事判決。
119. 臺灣新北地方法院，106 年度簡字第 8407 號刑事判決。
120. 臺灣新北地方法院，106 年度簡字第 8455 號刑事判決。

121. 臺灣新北地方法院，106 年度簡字第 8425 號刑事判決。
122. 臺灣新北地方法院，106 年度易字第 728 號刑事判決。
123. 臺灣新北地方法院，106 年度審簡字第 1888 號刑事判決。
124. 臺灣新北地方法院，106 年度審簡字第 1381 號刑事判決。
125. 臺灣宜蘭地方法院，107 年度簡字第 704 號刑事判決。
126. 臺灣宜蘭地方法院，107 年度簡字第 425 號刑事判決。
127. 臺灣宜蘭地方法院，107 年度簡字第 411 號刑事判決。
128. 臺灣宜蘭地方法院，107 年度易字第 230 號刑事判決。
129. 臺灣宜蘭地方法院，107 年度原簡字第 15 號刑事判決。
130. 臺灣宜蘭地方法院，106 年度易字第 187 號刑事判決。
131. 臺灣宜蘭地方法院，106 年度易字第 264 號刑事判決。
132. 臺灣宜蘭地方法院，106 年度易字第 128 號刑事判決。
133. 臺灣宜蘭地方法院，106 年度原易字第 8 號刑事判決。
134. 臺灣宜蘭地方法院，106 年度簡字第 89 號刑事判決。
135. 臺灣宜蘭地方法院，105 年度易緝字第 13 號刑事判決。
136. 臺灣宜蘭地方法院，105 年度原易字第 18 號刑事判決。
137. 臺灣宜蘭地方法院，105 年度簡字第 377 號刑事判決。
138. 臺灣宜蘭地方法院，105 年度簡字第 442 號刑事判決。
139. 臺灣宜蘭地方法院，105 年度簡字第 451 號刑事判決。
140. 臺灣基隆地方法院，107 年度基簡字第 1046 號刑事判決。
141. 臺灣基隆地方法院，107 年度基簡字第 945 號刑事判決。
142. 臺灣基隆地方法院，107 年度基簡字第 167 號刑事判決。
143. 臺灣基隆地方法院，107 年度易字第 240 號刑事判決。
144. 臺灣基隆地方法院，107 年度基簡字第 791 號刑事判決。
145. 臺灣基隆地方法院，106 年度易字第 622 號刑事判決。
146. 臺灣基隆地方法院，106 年度易字第 580 號刑事判決。
147. 臺灣基隆地方法院，106 年度易字第 528 號刑事判決。
148. 臺灣基隆地方法院，106 年度基簡字第 1583 號刑事判決。
149. 臺灣基隆地方法院，106 年度易字第 499 號刑事判決。
150. 臺灣基隆地方法院，105 年度基簡字第 1976 號　刑事判決。
151. 臺灣基隆地方法院，105 年度基簡字第 1861 號刑事判決。

152. 臺灣基隆地方法院，105 年度易字第 792 號刑事判決。
153. 臺灣基隆地方法院，105 年度基簡字第 1747 號刑事判決。
154. 臺灣基隆地方法院，105 年度基簡字第 1661 號刑事判決。
155. 臺灣桃園地方法院，107 年度桃簡字第 711 號刑事判決。
156. 臺灣桃園地方法院，107 年度審簡字第 743 號刑事判決。
157. 臺灣桃園地方法院，107 年度審易字第 1501 號刑事判決。
158. 臺灣桃園地方法院，107 年度壢簡字第 1174 號刑事判決。
159. 臺灣桃園地方法院，107 年度易字第 797 號刑事判決。
160. 臺灣桃園地方法院，106 年度審易字第 1667 號刑事判決。
161. 臺灣桃園地方法院，106 年度易字第 929 號刑事判決。
162. 臺灣桃園地方法院，106 年度易字第 1329 號刑事判決。
163. 臺灣桃園地方法院，106 年度易字第 1658 號刑事判決。
164. 臺灣桃園地方法院，106 年度壢簡字第 1678 號刑事判決。
165. 臺灣桃園地方法院，105 年度易字第 1395 號刑事判決。
166. 臺灣桃園地方法院，105 年度審易字第 1100 號刑事判決。
167. 臺灣桃園地方法院，105 年度壢簡字第 1993 號刑事判決。
168. 臺灣桃園地方法院，105 年度易字第 1134 號刑事判決。
169. 臺灣桃園地方法院，105 年度易字第 1653 號刑事判決。
170. 臺灣新竹地方法院，107 年度易字第 669 號刑事判決。
171. 臺灣新竹地方法院，107 年度易字第 707 號刑事判決。
172. 臺灣新竹地方法院，107 年度易字第 455 號刑事判決。
173. 臺灣新竹地方法院，107 年度竹簡字第 313 號刑事判決。
174. 臺灣新竹地方法院，107 年度易字第 88 號刑事判決。
175. 臺灣新竹地方法院，106 年度易字第 230 號刑事判決。
176. 臺灣新竹地方法院，106 年度易字第 193 號刑事判決。
177. 臺灣新竹地方法院，106 年度竹簡字第 27 號刑事判決。
178. 臺灣新竹地方法院，106 年度易字第 220 號刑事判決。
179. 臺灣新竹地方法院，106 年度易字第 282 號刑事判決。
180. 臺灣新竹地方法院，105 年度竹簡字第 59 號刑事判決。
181. 臺灣新竹地方法院，105 年度審原易字第 11 號刑事判決。
182. 臺灣新竹地方法院，105 年度審易字第 196 號刑事判決。

183. 臺灣新竹地方法院，105 年度審易字第 137 號刑事判決。

184. 臺灣新竹地方法院，105 年度易字第 17 號刑事判決。

185. 臺灣苗栗地方法院，107 年度苗簡字第 466 號刑事判決。

186. 臺灣苗栗地方法院，107 年度易字第 30 號 刑事判決。

187. 臺灣苗栗地方法院，107 年度苗簡字第 395 號刑事判決。

188. 臺灣苗栗地方法院，107 年度苗簡字第 253 號刑事判決。

189. 臺灣苗栗地方法院，107 年度苗原簡字第 16 號　刑事判決。

190. 臺灣苗栗地方法院，106 年度苗簡字第 1277 號刑事判決。

191. 臺灣苗栗地方法院，106 年度苗簡字第 1236 號　刑事判決。

192. 臺灣苗栗地方法院，106 年度苗簡字第 685 號刑事判決。

193. 臺灣苗栗地方法院，106 年度易字第 880 號刑事判決。

194. 臺灣苗栗地方法院，106 年度苗簡字第 1077 號刑事判決。

195. 臺灣苗栗地方法院，105 年度易字第 846 號刑事判決。

196. 臺灣苗栗地方法院，105 年度苗簡字第 1010 號刑事判決。

197. 臺灣苗栗地方法院，105 年度苗簡字第 850 號刑事判決。

198. 臺灣苗栗地方法院，105 年度易字第 434 號刑事判決。

199. 臺灣苗栗地方法院，105 年度易字第 343 號刑事判決。

200. 臺灣台中地方法院，107 年度易字第 1478 號刑事判決。

201 臺灣台中地方法院，107 年度中簡字第 1740 號刑事判決。

202. 臺灣台中地方法院，107 年度易字第 2287 號刑事判決。

203. 臺灣台中地方法院，107 年度易字第 1339 號刑事判決。

204. 臺灣台中地方法院，106 年度易字第 4419 號刑事判決。

205. 臺灣台中地方法院，107 年度易字第 1157 號刑事判決。

206. 臺灣台中地方法院，107 年度易字第 1761 號刑事判決。

207. 臺灣台中地方法院，107 年度易字第 1171 號刑事判決。

208. 臺灣台中地方法院，107 年度易字第 814 號刑事判決。

209. 臺灣台中地方法院，107 年度易字第 912 號刑事判決。

210. 臺灣台中地方法院，106 年度易字第 3852 號刑事判決。

211. 臺灣台中地方法院，107 年度中簡字第 547 號刑事判決。

212. 臺灣台中地方法院，107 年度易字第 1147 號刑事判決。

213. 臺灣台中地方法院，105 年度審簡字第 1851 號刑事判決。

214. 臺灣台中地方法院，106 年度易字第 649 號刑事判決。
215. 臺灣台中地方法院，106 年度中簡字第 571 號刑事判決。
216. 臺灣台中地方法院，106 年度易字第 1222 號刑事判決。
217. 臺灣台中地方法院，105 年度易字第 1814 號刑事判決。
218. 臺灣台中地方法院，106 年度中簡字第 67 號刑事判決。
219. 臺灣台中地方法院，106 年度易字第 952 號刑事判決。
220. 臺灣彰化地方法院，107 年度簡字第 1356 號刑事判決。
221. 臺灣彰化地方法院，107 年度簡字第 1097 號刑事判決。
222. 臺灣彰化地方法院，107 年度易字第 39 號刑事判決。
223. 臺灣彰化地方法院，107 年度簡字第 249 號刑事判決。
224. 臺灣彰化地方法院，107 年度簡字第 309 號刑事判決。
225. 臺灣彰化地方法院，106 年度易字第 401 號刑事判決。
226. 臺灣彰化地方法院，106 年度簡字第 175 號刑事判決。
227. 臺灣彰化地方法院，106 年度易字第 253 號刑事判決。
228. 臺灣彰化地方法院，106 年度簡字第 208 號刑事判決。
229. 臺灣彰化地方法院，106 年度簡字第 178 號刑事判決。
230. 臺灣彰化地方法院，105 年度審易字第 121 號刑事判決。
231. 臺灣彰化地方法院，105 年度簡字第 216 號刑事判決。
232. 臺灣彰化地方法院，105 年度簡字第 190 號刑事判決。
233. 臺灣彰化地方法院，105 年度易字第 23 號刑事判決。
234. 臺灣彰化地方法院，105 年度易字第 98 號刑事判決。
235. 臺灣南投地方法院，107 年度易字第 29 號刑事判決。
236. 臺灣南投地方法院，107 年度易字第 103 號刑事判決。
237. 臺灣南投地方法院，107 年度投簡字第 67 號刑事判決。
238. 臺灣南投地方法院，107 年度易字第 49 號刑事判決。
239. 臺灣南投地方法院，106 年度審易字第 569 號刑事判決。
240. 臺灣南投地方法院，106 年度埔簡字第 97 號刑事判決。
241. 臺灣南投地方法院，106 年度易字第 133 號刑事判決。
242. 臺灣南投地方法院，106 年度易字第 177 號刑事判決。
243. 臺灣南投地方法院，106 年度審易字第 27 號刑事判決。
244. 臺灣南投地方法院，106 年度易字第 79 號刑事判決。

245. 臺灣南投地方法院，105 年度原易字第 13 號刑事判決。
246. 臺灣南投地方法院，105 年度埔簡字第 173 號刑事判決。
247. 臺灣南投地方法院，105 年度投簡字第 371 號刑事判決。
248. 臺灣南投地方法院，105 年度易字第 140 號刑事判決。
249. 臺灣南投地方法院，105 年度審易字第 126 號刑事判決。
250. 臺灣雲林地方法院，107 年度易字第 356 號刑事判決。
251. 臺灣雲林地方法院，107 年度易字第 463 號刑事判決。
252. 臺灣雲林地方法院，107 年度易字第 320 號刑事判決。
253. 臺灣雲林地方法院，107 年度易字第 82 號刑事判決。
254. 臺灣雲林地方法院，107 年度簡字第 99 號刑事判決。
255. 臺灣雲林地方法院，106 年度易字第 196 號刑事判決。
256. 臺灣雲林地方法院，106 年度易字第 716 號刑事判決。
257. 臺灣雲林地方法院，106 年度易字第 1242 號刑事判決。
258. 臺灣雲林地方法院，106 年度易字第 1103 號刑事判決。
259. 臺灣雲林地方法院，106 年度易字第 1062 號刑事判決。
260. 臺灣雲林地方法院，105 年度易字第 628 號刑事判決。
261. 臺灣雲林地方法院，105 年度易字第 875 號刑事判決。
262. 臺灣雲林地方法院，105 年度簡字第 376 號刑事判決。
263. 臺灣雲林地方法院，105 年度易字第 277 號刑事判決。
264. 臺灣雲林地方法院，105 年度易字第 602 號刑事判決。
265. 臺灣嘉義地方法院，107 年度嘉簡字第 1112 號刑事判決。
266. 臺灣嘉義地方法院，107 年度嘉簡字第 948 號刑事判決。
267. 臺灣嘉義地方法院，107 年度易字第 441 號刑事判決。
268. 臺灣嘉義地方法院，107 年度嘉簡字第 237 號刑事判決。
269. 臺灣嘉義地方法院，107 年度易字第 384 號刑事判決。
270. 臺灣嘉義地方法院，106 年度易字第 610 號刑事判決。
271. 臺灣嘉義地方法院，106 年度易字第 629 號刑事判決。
272. 臺灣嘉義地方法院，107 年度易字第 277 號刑事判決。
273. 臺灣嘉義地方法院，106 年度易字第 869 號刑事判決。
274. 臺灣嘉義地方法院，106 年度朴簡字第 495 號刑事判決。
275. 臺灣嘉義地方法院，105 年度嘉簡字第 1608 號刑事判決。

276. 臺灣嘉義地方法院，105 年度嘉簡字第 1416 號刑事判決。
277. 臺灣嘉義地方法院，105 年度易字第 850 號刑事判決。
278. 臺灣嘉義地方法院，105 年度易字第 644 號刑事判決。
279. 臺灣嘉義地方法院，105 年度易字第 811 號刑事判決。
280. 臺灣台南地方法院，107 年度簡字第 2439 號刑事判決。
281. 臺灣台南地方法院，107 年度簡字第 2250 號刑事判決。
282. 臺灣台南地方法院，107 年度易字第 856 號刑事判決。
283. 臺灣台南地方法院，107 年度簡字第 2375 號刑事判決。
284. 臺灣台南地方法院，107 年度簡字第 1712 號刑事判決。
285. 臺灣台南地方法院，106 年度易字第 1724 號刑事判決。
286. 臺灣台南地方法院，106 年度易字第 1869 號刑事判決。
287. 臺灣台南地方法院，106 年度易字第 1209 號刑事判決。
288. 臺灣台南地方法院，106 年度易字第 1846 號刑事判決。
289. 臺灣台南地方法院，106 年度簡字第 3960 號刑事判決。
290. 臺灣台南地方法院，105 年度易字第 1252 號刑事判決。
291. 臺灣台南地方法院，105 年度易字第 894 號刑事判決。
292. 臺灣台南地方法院，105 年度易字第 1231 號刑事判決。
293. 臺灣台南地方法院，105 年度易字第 1253 號刑事判決。
294. 臺灣台南地方法院，105 年度易字第 1119 號刑事判決。
295. 臺灣高雄地方法院，107 年度審易字第 1289 號刑事判決。
296. 臺灣高雄地方法院，107 年度易字第 4 號刑事判決。
297. 臺灣高雄地方法院，106 年度易字第 732 號刑事判決。
298. 臺灣高雄地方法院，107 年度審易字第 1177 號刑事判決。
299. 臺灣高雄地方法院，107 年度簡字第 2336 號刑事判決。
300. 臺灣高雄地方法院，106 年度簡字第 4491 號刑事判決。
301. 臺灣高雄地方法院，106 年度易字第 816 號刑事判決。
302. 臺灣高雄地方法院，106 年度審易字第 2307 號刑事判決。
303. 臺灣高雄地方法院，106 年度易字第 836 號刑事判決。
304. 臺灣高雄地方法院，106 年度易字第 863 號刑事判決。
305. 臺灣高雄地方法院，105 年度審易字第 2215 號刑事判決。
306. 臺灣高雄地方法院，105 年度審易字第 2040 號刑事判決。

307. 臺灣高雄地方法院，105 年度簡字第 3623 號刑事判決。
308. 臺灣高雄地方法院，105 年度簡字第 2580 號刑事判決。
309. 臺灣高雄地方法院，105 年度審易字第 1429 號刑事判決。
310. 臺灣橋頭地方法院，107 年度簡字第 1190 號刑事判決。
311. 臺灣橋頭地方法院，107 年度審易字第 728 號刑事判決。
312. 臺灣橋頭地方法院，107 年度簡字第 1165 號刑事判決。
313. 臺灣橋頭地方法院，107 年度審易字第 460 號刑事判決。
314. 臺灣橋頭地方法院，107 年度審易字第 256 號刑事判決。
315. 臺灣橋頭地方法院，106 年度易字第 266 號刑事判決。
316. 臺灣橋頭地方法院，106 年度審易字第 1162 號刑事判決。
317. 臺灣橋頭地方法院，106 年度審易字第 1141 號刑事判決。
318. 臺灣橋頭地方法院，106 年度審易字第 1233 號刑事判決。
319. 臺灣橋頭地方法院，106 年度易字第 291 號刑事判決。
320. 臺灣橋頭地方法院，106 年度易字第 137 號刑事判決。
321. 臺灣橋頭地方法院，106 年度簡字第 421 號刑事判決。
322. 臺灣橋頭地方法院，106 年度審易字第 47 號刑事判決。
323. 臺灣橋頭地方法院，105 年度審易字第 2130 號刑事判決。
324. 臺灣橋頭地方法院，105 年度易字第 396 號刑事判決。
325. 臺灣花蓮地方法院，107 年度花簡字第 236 號刑事判決。
326. 臺灣花蓮地方法院，107 年度易字第 177 號刑事判決。
327. 臺灣花蓮地方法院，107 年度易字第 229 號刑事判決。
328. 臺灣花蓮地方法院，107 年度易字第 186 號刑事判決。
329. 臺灣花蓮地方法院，107 年度原簡字第 4 號刑事判決。
330. 臺灣花蓮地方法院，106 年度花簡字第 466 號刑事判決。
331. 臺灣花蓮地方法院，106 年度易字第 515 號刑事判決。
332. 臺灣花蓮地方法院，106 年度易字第 443 號刑事判決。
333. 臺灣花蓮地方法院，106 年度易字第 416 號刑事判決。
334. 臺灣花蓮地方法院，106 年度易字第 272 號刑事判決。
335. 臺灣花蓮地方法院，105 年度簡字第 205 號刑事判決。
336. 臺灣花蓮地方法院，105 年度易字第 481 號刑事判決。
337. 臺灣花蓮地方法院，105 年度原易字第 214 號刑事判決。

338. 臺灣花蓮地方法院，105 年度易字第 383 號刑事判決。
339. 臺灣花蓮地方法院，105 年度易字第 308 號刑事判決。
340. 臺灣台東地方法院，107 年度東原簡字第 95 號刑事判決。
341. 臺灣台東地方法院，107 年度原易字第 86 號刑事判決。
342. 臺灣台東地方法院，106 年度易字第 227 號刑事判決。
343. 臺灣台東地方法院，107 年度東原簡字第 1 號刑事判決。
344. 臺灣台東地方法院，106 年度易字第 354 號刑事判決。
345. 臺灣台東地方法院，106 年度易字第 91 號刑事判決。
346. 臺灣台東地方法院，106 年度東簡字第 160 號刑事判決。
347. 臺灣台東地方法院，106 年度簡字第 66 號刑事判決。
348. 臺灣台東地方法院，105 年度軍易字第 1 號刑事判決。
349. 臺灣台東地方法院，105 年度易字第 260 號刑事判決。
350. 臺灣台東地方法院，105 年度易字第 122 號刑事判決。
351. 臺灣台東地方法院，105 年度易字第 52 號刑事判決。
352. 臺灣台東地方法院，105 年度易字第 121 號刑事判決。
353. 臺灣台東地方法院，105 年度簡字第 37 號刑事判決。
354. 臺灣台東地方法院，105 年度易字第 35 號刑事判決。
355. 臺灣屏東地方法院，107 年度易字第 275 號刑事判決。
356. 臺灣屏東地方法院，107 年度簡字第 542 號刑事判決。
357. 臺灣屏東地方法院，107 年度簡字第 966 號刑事判決。
358. 臺灣屏東地方法院，107 年度易字第 462 號刑事判決。
359. 臺灣屏東地方法院，107 年度易字第 360 號刑事判決。
360. 臺灣屏東地方法院，106 年度易字第 943 號刑事判決。
361. 臺灣屏東地方法院，106 年度簡字第 2241 號刑事判決。
362. 臺灣屏東地方法院，106 年度易字第 809 號刑事判決。
363. 臺灣屏東地方法院，106 年度簡字第 2390 號刑事判決。
364. 臺灣屏東地方法院，106 年度簡字第 2285 號刑事判決。
365. 臺灣屏東地方法院，105 年度易字第 408 號刑事判決。
366. 臺灣屏東地方法院，105 年度易字第 345 號刑事判決。
367. 臺灣屏東地方法院，105 年度簡字第 1428 號刑事判決。
368. 臺灣屏東地方法院，105 年度易字第 344 號刑事判決。

369. 臺灣屏東地方法院，105 年度簡字第 1735 號刑事判決。
370. 臺灣澎湖地方法院，106 年度易字第 38 號刑事判決。
371. 臺灣澎湖地方法院，106 年度易字第 24 號刑事判決。
372. 臺灣澎湖地方法院，105 年度易字第 18 號刑事判決。
373. 臺灣金門地方法院，106 年度易字第 62 號刑事判決。
374. 臺灣金門地方法院，106 年度易字第 42 號刑事判決。
375. 臺灣金門地方法院，106 年度易字第 6 號刑事判決。
376. 臺灣台北地方法院台北簡易庭，107 年度北小字第 2561 號民事判決。
377. 臺灣台北地方法院台北簡易庭，107 年度北小字第 2677 號民事判決。
378. 臺灣台北地方法院台北簡易庭，107 年度北簡字第 8219 號民事判決。
379. 臺灣台北地方法院台北簡易庭，107 年度北簡字第 8250 號民事判決。
380. 臺灣台北地方法院台北簡易庭，107 年度北小字第 1426 號民事判決。
381. 臺灣台北地方法院台北簡易庭，106 年度北小字第 2047 號民事判決。
382. 臺灣台北地方法院台北簡易庭，106 年度北小字第 1399 號民事判決。
383. 臺灣台北地方法院台北簡易庭，105 年度北簡字第 14089 號民事判決。
384. 臺灣台北地方法院台北簡易庭，106 年度北簡字第 5208 號民事判決。
385. 臺灣台北地方法院台北簡易庭，106 年度北小字第 342 號民事判決。
386. 臺灣台北地方法院台北簡易庭，105 年度北簡字第 15433 號民事判決。
387. 臺灣台中地方法院台中簡易庭，107 年度中小字第 2416 號民事判決。
388. 臺灣台中地方法院台中簡易庭，107 年度中小字第 2347 號民事判決。
389. 臺灣台中地方法院台中簡易庭，106 年度中小字第 1569 號民事判決。
390. 臺灣台中地方法院台中簡易庭，106 年度中簡字第 2401 號民事判決。
391. 臺灣台中地方法院台中簡易庭，106 年度中簡字第 2333 號民事判決。
392. 臺灣台中地方法院台中簡易庭，106 年度中小字第 1807 號民事判決。
393. 臺灣台中地方法院台中簡易庭，106 年度中簡字第 1906 號民事判決。
394. 臺灣台中地方法院台中簡易庭，106 年度中簡字第 1856 號民事判決。
395. 臺灣台中地方法院台中簡易庭，106 年度中小字第 1659 號民事判決。
396. 臺灣台中地方法院台中簡易庭，106 年度中小字第 1835 號民事判決。
397. 臺灣台中地方法院台中簡易庭，106 年度中小字第 1537 號民事判決。
398. 臺灣台中地方法院台中簡易庭，106 年度中簡字第 1532 號民事判決。
399. 臺灣台中地方法院台中簡易庭，106 年度中小字第 1529 號民事判決。

400. 臺灣台中地方法院台中簡易庭，106 年度中簡字第 1350 號民事判決。
401. 臺灣台中地方法院台中簡易庭，106 年度中簡字第 1269 號民事判決。
402. 臺灣台中地方法院台中簡易庭，106 年度中簡字第 1230 號民事判決。
403. 臺灣台中地方法院台中簡易庭，105 年度彰小字第 475 號民事判決。
404. 臺灣台中地方法院台中簡易庭，105 年度中簡字第 2493 號民事判決。
405. 臺灣台中地方法院台中簡易庭，105 年度中小字第 2560 號民事判決。
406. 臺灣台中地方法院台中簡易庭，105 年度中小字第 1712 號民事判決。
407. 臺灣高雄地方法院高雄簡易庭，107 年度雄簡字第 1053 號民事判決。
408. 臺灣高雄地方法院高雄簡易庭，107 年度雄簡字第 1911 號民事判決。
409. 臺灣高雄地方法院高雄簡易庭，106 年度雄小字第 2468 號民事判決。
410. 臺灣高雄地方法院高雄簡易庭，106 年度雄小字第 2323 號民事判決。
411. 臺灣高雄地方法院高雄簡易庭，106 年度雄簡字第 518 號民事判決。
412. 臺灣高雄地方法院高雄簡易庭，106 年度雄小字第 1091 號民事判決。
413. 臺灣高雄地方法院高雄簡易庭，106 年度雄簡字第 518 號民事判決。
414. 臺灣高雄地方法院高雄簡易庭，106 年度雄簡字第 508 號民事判決。
415. 臺灣高雄地方法院高雄簡易庭，106 年度雄小字第 403 號民事判決。
416. 臺灣高雄地方法院高雄簡易庭，105 年度雄簡字第 425 號民事判決。
417. 臺灣高雄地方法院高雄簡易庭，105 年度雄簡字第 691 號民事判決。
418. 臺灣高雄地方法院高雄簡易庭，105 年度雄簡字第 171 號民事判決。
419. 臺灣高雄地方法院高雄簡易庭，105 年度雄簡字第 1202 號民事判。
420. 最高法院 107 年台上字第 3116 號判決。

(Footnotes)

1　參照最高法院，47 年台上字第 1221 號判例意旨。
2　參照最高法院，51 年台上字第 223 號判例、86 年度台上字第 3537 號判決意旨。

國家圖書館出版品預行編目資料

公然侮辱刑事與民事判決實證之研究 / 袁興著.
--初版. --臺中市：袁興出版發行，2022.02
　　面；　公分
ISBN 978-957-43-9620-7（平裝）
1. 誹謗罪 2. 妨害名譽罪
585.431　　　　　　　110021413

公然侮辱刑事與民事判決實證之研究

作　　者　袁興
校　　對　袁興
出版發行　袁興
　　　　　403台中市西區三民路一段50巷7號
　　　　　電話：（02）26033111
　　　　　電郵：iqeye@yahoo.com.tw
經銷代理　白象文化事業有限公司
　　　　　412台中市大里區科技路1號8樓之2（台中軟體園區）
　　　　　出版專線：（04）2496-5995　　傳真：（04）2496-9901
　　　　　401台中市東區和平街228巷44號（經銷部）
　　　　　購書專線：（04）2220-8589　　傳真：（04）2220-8505
初版一刷　2022 年 2 月
定　　價　250 元

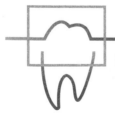